W0367853

Entdecke deinen inneren Helfer

Birgitt Jendrosch

Entdecke deinen inneren Helfer

Wie du mit Leichtigkeit
in deine ganze Kraft kommst

INTEGRAL

Die in diesem Buch vorgestellten Informationen und Empfehlungen sind nach bestem Wissen und Gewissen geprüft. Dennoch übernehmen die Autorin und der Verlag keinerlei Haftung für Schäden irgendwelcher Art, die sich direkt oder indirekt aus dem Gebrauch der hier beschriebenen Methoden ergeben. Bitte nehmen Sie im Zweifelsfall beziehungsweise bei ernsthaften Beschwerden immer professionelle Diagnose und Therapie durch ärztliche oder psychotherapeutische Hilfe in Anspruch.

Der Verlag weist ausdrücklich darauf hin, dass im Text enthaltene externe Links vom Verlag nur bis zum Zeitpunkt der Buchveröffentlichung eingesehen werden konnten. Auf spätere Veränderungen hat der Verlag keinerlei Einfluss. Eine Haftung des Verlags für externe Links ist stets ausgeschlossen.

FSC
www.fsc.org
MIX
Papier aus verantwortungsvollen Quellen
FSC® C014496

Verlagsgruppe Random House FSC® N001967

Integral Verlag
Integral ist ein Verlag der Verlagsgruppe Random House GmbH.

ISBN 978-3-7787-9269-8

Erste Auflage 2016
Copyright © 2016 by Integral Verlag, München,
in der Verlagsgruppe Random House GmbH, Neumarkter Straße 28, 81673 München.
Alle Rechte sind vorbehalten. Printed in Germany.
Redaktion: Ulrike Strerath-Bolz
Sprecherin CD: Birgitt Jendrosch
Aufnahme und Produktion CD: Thomas Peschel
Einbandgestaltung: Guter Punkt GmbH & Co. KG, München
Covermotiv: © Istock / Thinkstock
Gesetzt aus der Adobe Caslon Pro bei Satzwerk Huber, Germering
Druck und Bindung: GGP Media GmbH, Pößneck

www.integral-verlag.de

Inhalt

1
Zum guten Beginn: der Schatz in uns, unser innerer Helfer

»Der Glaube versetzt Berge«, sagte meine Großmutter immer zu mir. »Du musst nur fest an dich und deine Fähigkeiten glauben, dann kannst du jede Herausforderung annehmen.«

Als Kind war mir nicht ganz klar, dass dieser Glaube nichts mit Religion, sondern mit mir selbst zu tun hatte. Sich selbst etwas zutrauen, sich selber vertrauen, an sich selbst glauben, das sind die Fähigkeiten, die meine Großmutter meinte.

Die Grundlagen zu diesem Glauben sind in uns allen angelegt. Erziehung kann diese Grundlage stärken, aber auch – wie die Erlebnisse im Laufe unseres Lebens – unser Selbstvertrauen schwächen oder sogar verschütten. Dann verlieren wir den Glauben an uns selbst.

Wir müssen den Schatz in uns erst wieder entdecken. Gehen wir gemeinsam auf die Suche nach diesem Schatz in uns, unserem inneren Helfer. Diese Kraft, die unbewusst in uns schlummert, können wir in unterschiedlichen täglichen Situationen auf unterschiedliche Weise erwecken und für uns arbeiten lassen.

Wissenschaftliche Untersuchungen bestätigen, dass Methoden wie Hypnose, Fantasiereisen, Meditation das Gehirn verändern können. Unser Gehirn verfügt über die Fähigkeit, Verbindungen der Nervenzellen neu aufzubauen, aber auch abzubauen. Deutliche Veränderungen in der Hirnstruktur lassen sich nachweisen: weniger Stress und Angst durch weniger Dichte der grauen Substanz an der Amygdala, die für die Verarbeitung von Stress und Angst wichtig ist, und mehr Selbstwahrnehmung und Mitgefühl durch mehr Dichte im Hippocampus und Regionen, die für diese Empfindungen zuständig sind. Die Bewusstseinsreisen in diesem Buch sind angelehnt an alle drei Methoden, gekoppelt mit gezielter Aktivierung von Gehirnwellen und notwendigen Gehirnarealen.

Lassen wir die Kraft des Unbewussten in uns wirken.

Für dieses Buch habe ich Bewusstseinsreisen ausgesucht, die

- unsere Gesundheit und unser Immunsystem stärken – durch einen festen Schlaf, Ruhe, Gelassenheit und möglichst wenig Schmerzen,
- unsere Persönlichkeit festigen – durch selbstbewussten Auftritt, charismatische Ausstrahlung und möglichst wenig Ängste,
- unseren Weg in Schule, Studium und Beruf und unsere Motivation im Sport anschieben und Empathie und Intuition schulen.

Sie zeigen, wie verbunden wir mit allem sind, und vermitteln Einssein mit der gesamten Welt. So sorgen sie dafür, dass diese Welt ein bisschen besser wird.

Was ist unser innerer Helfer? Wie und wo finden wir ihn?

Unser Körper besteht aus ca. 100 Billionen Zellen, die miteinander kommunizieren und kooperieren, gesteuert durch eine innere Weisheit – unseren ganz persönlichen und weisen inneren Helfer. Er kennt uns seit unserer Zeugung, kennt die Fähigkeiten, die wir von Mutter und Vater geerbt haben, begleitet uns von unserer Geburt an, weiß von unseren Höhen und Tiefen, kennt unsere Stärken und Schwächen. Er kennt unsere Gefühle und spürt sofort, wenn wir in Panik geraten, uns unsicher fühlen, Hilfe brauchen. Er ist immer bereit, uns zu helfen, uns einen Rat zu geben, uns den Weg zu zeigen. Er hat tatsächlich den dringenden Wunsch, uns zu helfen. Er weiß, wie weit unser Verstehen reicht, und wird uns nur das auftragen, was wir auch bewältigen können. Zu einem späteren Zeitpunkt, wenn wir dazu bereit sind, wird er uns weiter führen. Alles so, wie wir es verstehen und umsetzen können.

Der innere Helfer ist manchmal wie ein scheues Reh, das wir erst hinter dem Busch hervorlocken müssen. Manchmal ist er wie ein Zappelphilipp, der erst mal zur Ruhe kommen muss. Manchmal ein Besserwisser, der uns einfach nur nervt. Vor lauter Opposition wollen wir unserem inneren Helfer manchmal nicht folgen. Gelegentlich wirkt er ganz im Verborgenen. Dann haben wir auf einmal eine »Eingebung«.

Doch dürfen wir unserer Eingebung trauen? Wir wissen ja gar nicht, woher das kommt. Wir können lernen, unserer Intuition zu vertrauen, weil wir unseren inneren Helfer mithilfe der geführten Bewusstseinsreise und Übungen immer besser kennenlernen. Dann wird unser innerer Helfer zu unserem besten Freund, der bei allen Gelegenheiten hinter, neben oder vor uns steht. Er nimmt uns in Schutz und hilft uns über manche Klippe hinweg. Er hält uns von Zeit zu Zeit den Spiegel vor, damit wir wieder erkennen, was für ein toller Mensch wir sind. Er zeigt uns unsere Stärken, verschweigt uns aber unsere Schwächen nicht und zeigt, wie wir aus Schwächen Stärken machen können. Er begleitet uns sanft in den Schlaf und schenkt uns schöne Träume. Und er sorgt dafür, dass unsere Träume nicht Schäume bleiben, sondern zeigt uns Wege, wie sie Wirklichkeit werden können.

Dieses außergewöhnliche Wesen sitzt in uns und wartet nur auf uns: Wir müssen zulassen, dass er uns hilft, neue Wege mutig zu gehen.

Wenn wir unserem inneren Helfer gestatten, auf uns zu achten, und wenn wir lernen, ihm unsere Wünsche mitzuteilen, dann können wir uns darauf verlassen, dass er unser seelisches Gleichgewicht, unsere Gesundheit, unsere Weiterentwicklung stützt.

Wo finden wir den inneren Helfer?

Wenn wir uns auf die Suche nach unserem inneren Helfer begeben, werden wir feststellen, dass wir ihn in unterschiedlichen Regionen unseres Körpers erspüren können. Dieses Erspüren ist ganz individuell. So wie Freude manchmal das Herz weit macht oder die Augen erstrahlen lässt, so wie Angst manchmal im Nacken sitzt oder im Magen, so wie Streit manchmal auf die Nieren schlägt oder das Herz versteinert, so wie Anerkennung den Brustkorb weitet oder die Wirbelsäule aufrichtet. Je mehr wir uns darauf einlassen, unserem inneren Helfer zuzuhören, desto schneller werden wir ihn finden.

Wir brauchen aber auch ein wenig Wissen über unseren Körper. Ein paar Kenntnisse über die unterschiedlichen Gehirnareale und deren Aufgaben sowie über die Wellen, die unser Gehirn erzeugt, helfen uns dabei. Wenn wir uns dann noch klarmachen, wie diese Wellen durch unterstützende Übungen erzeugt werden, erleichtert das die Kommunikation mit unserem inneren Helfer enorm. So vorbereitet, wirken dann auch die Bewusstseinsreisen optimal.

Unser Gehirn besteht aus zwei Hälften, der linken und der rechten Hemisphäre. Seine drei großen Teile sind das Großhirn, das Kleinhirn und das Stammhirn. Jede Hemisphäre ist für eine Körperhälfte zuständig, aber in gekreuzter Weise. So steuert die linke Hemisphäre die rechte Körperseite, den rechten Arm und das rechte Bein. Die rechte Gehirnhälfte steuert die linke Körperseite. Beide Hemisphären sind durch ein dickes Nervenbündel miteinander verbunden: den Gehirnbalken (Corpus callosum). So ist es uns möglich, koordiniert zu gehen und zu greifen. Zusätzlich ist jede Hemisphäre auf bestimmte Aufgaben spezialisiert: Links sitzen in der Regel Sprache und Logik, rechts die Kreativität und der Orientierungssinn. Beide Hemisphären arbeiten eng zusammen, man kann sie sich als ergänzende Hälften eines Ganzen vorstellen. Beide Teile verarbeiten Informationen auf unterschiedliche Weise und erhöhen durch ihr Zusammenwirken die Leistung des Gehirns.

Informationen über unsere Außenwelt erhalten wir über unsere Augen, unsere Ohren, unsere Zunge, unsere Nase und unsere Haut. Sie fließen von dort in unser Gehirn.

Die Informationen unserer fünf Sinne werden in unterschiedlichen Arealen verarbeitet. Die Seh-Information wird in dem knapp handtellergroßen Bereich des Hinterkopfes hinter und etwas oberhalb der Ohren verarbeitet (primärer visueller Cortex). An der Erkennung von Gesichtern und Farben ist zusätzlich ein Bereich zwischen Ohren und Scheitel beteiligt (sekundärer visueller Cortex). Die Verarbeitung der Hör-Information beginnt in einem Bereich etwas oberhalb der Ohren (auditorisches System), der etwa so groß ist wie ein 2-Euro-Stück. Unsere Geschmacksempfindungen und unser Geruchssinn liegen eng beieinander. Das wissen wir spätestens seit unserem letzten Schnupfen, der nicht nur verhinderte, dass wir etwas riechen – auch das Essen schmeckt uns dann nicht. Beide sind wohl entwicklungsmäßig gesehen die frühesten Sinne. Die Geschmacksinformation wird gleich zum Hirnstamm transportiert und an einer Umschaltstelle weitergeleitet, die die Information an ein Areal im vorderen Gehirn meldet. Wie die Riechinformation sind die Geschmacksinformationen mit Teilen des Gehirns verbunden, die mit Gefühlen zu tun haben. Das dürfte wohl auch der Grund dafür sein, dass Essen und Riechen so stark mit Gefühlen behaftet sind. Wer bekommt nicht ein heimeliges Gefühl, wenn ein Apfelkuchen im Ofen duftet und alles an die geborgene Atmosphäre in Großmutters Küche erinnert. Die Verarbeitung der Fühl-Informationen beginnt in einem fingerbreiten und -langen Bereich vom Scheitel zu den Ohren, dem somatosensorischen Cortex. Das alles erfolgt im Zusammenspiel.

In jedem Augenblick erschafft die rechte Hirnhälfte ein Abbild davon, wie dieser Augenblick aussieht, klingt, schmeckt, riecht und welches Gefühl er erzeugt. Jeder einzelne Augenblick wird mit Empfindungen, Gedanken, Emotionen und oft auch körperlichen Reaktionen verbunden. Die meisten von uns können sich z. B. genau erinnern, wo wir gerade waren und was wir getan haben, als das World Trade Center einstürzte.

Für die rechte Gehirnhälfte existiert dabei nur der gegenwärtige Augenblick. Freude ist ein Gefühl des gegenwärtigen Augenblicks. Auch die Fähigkeit, Empathie und Mitgefühl zu empfinden, ist ein Produkt der rechten Hemisphäre. Während die rechte Gehirnhälfte ein Gesamtbild erzeugt, nimmt die linke Gehirnhälfte jedes noch so kleine Detail wahr. Allerdings können wir uns an die Details nicht bewusst erinnern.

Fünf Arten von Wellen

Milliarden von Gehirnzellen (Neuronen) kommunizieren durch elektrische Impulse miteinander. Informationen, die über unsere Sinne ins Gehirn gelangen, werden durch einen Wechsel des elektrischen Zustandes der beteiligten Gehirnzellen verarbeitet. Durch diesen physiologischen Vorgang kommt es zu Potenzialschwankungen. Da die Potenzialschwankungen über eine Zeitachse betrachtet ein wellenähnliches Bild zeigen, bezeichnet man die Schwankungen als Gehirnwellen. Sichtbar machen können wir die Gehirnwellen mithilfe eines Elektroenzephalogramms (EEG), das die Potenzialschwankungen an der Oberfläche des Kopfes aufzeichnet.

Vom Moment unserer Geburt an spielt unser Gehirn die Gehirnwellen-Musik unseres Lebens. Daran beteiligt sind fünf Typen von Gehirnwellen:

- die Gamma-Wellen für geistige Höchstleistungen und transzendente Erfahrungen,
- die Beta-Wellen für bewusstes, logisches Denken,
- die Alpha-Wellen für Entspannung und als Mittler zwischen den anderen Bereichen,

- die Theta-Wellen für Kreativität und Spiritualität,
- die Delta-Wellen für Intuition, Heilung und Empathie.

Dabei scheint es auf die Zusammensetzung von verschiedenen Frequenzen anzukommen, um eine harmonische Lebenssymphonie zu spielen.

Unseren inneren Helfer können wir uns wie einen Dirigenten unserer Lebensmusik vorstellen. Ihm liegen alle Partituren vor, die wir in unserem Leben spielen können. Leider nutzen wir nur einen kleinen Auszug aus der großen umfassenden Partitur unserer Möglichkeiten. Grenzen, die uns durch Erziehung, Traditionen, Kultur und Religion gesetzt wurden, verhindern den Zugriff auf das gesamte Spektrum. Wir müssen unsere persönliche »Ode an die Freiheit« erst wieder erlernen. Gefühle und Ängste beeinflussen ebenfalls unser inneres Lied. Sind wir traurig, erklingen in uns nur melancholische Weisen. Sind wir verliebt, jubeln wir Liebeslieder. Haben wir Erfolg, ertönt ein Heldengesang.

Durch Bewusstseinsreisen zu unserem inneren Helfer lernen wir das gesamte Spektrum unserer Möglichkeiten kennen. Wir können dann bewusst die richtige Seite der Partitur aufschlagen oder sie sogar umschreiben. So finden wir gemeinsam mit unserem inneren Helfer den Weg in ein harmonisches Leben.

Was ist eine Bewusstseinsreise?

Die Fähigkeit, sich in sich selbst zurückzuziehen, ist uns Menschen angeboren. Beobachten wir ein Kind, wie es im Spiel versunken die Welt um sich herum vergisst: Das Kind ist ganz und gar konzentriert und fokussiert und nimmt andere Reize aus seiner Umgebung nicht mehr wahr. Es vergisst sprichwörtlich Zeit und Raum um sich herum und lebt nur für seine momentane Tätigkeit.

Das können die meisten Erwachsenen nicht mehr. Nur wenn uns eine Aufgabe, eine Tätigkeit gefangen nimmt, dann kommen wir in jenen wunderbaren Zustand, den Mihály Czíkszentmihályi »Flow« nennt. Aber wir können diese Fähigkeit mit ein bisschen Übung und Anleitung wieder erlernen, und zwar mithilfe von Bewusstseinsreisen.

Grundsätzlich lässt sich jede Bewusstseinsreise in zwei Hauptaspekte unterteilen: eine Phase des ruhigen Verweilens und eine zweite Phase der tiefen Einsicht. Ziel ist es, dass wir uns auf ein einziges Thema fokussieren, statt unserem Gedankenkarussell zu folgen. Dabei werden die Gedanken, die nicht zum Thema gehören, nicht verdrängt. Wir schenken ihnen lediglich keine Beachtung. Das Gleiche gilt für aufkommende Emotionen. Beides lassen wir einfach vorbeiziehen, ohne festzuhalten. Wie das geht, erfahren Sie in einem der nächsten Kapitel.

Was können Bewusstseinsreisen bewirken?

Bewusstseinsreisen können Geist und Körper entspannen, Stress abbauen und zu mehr geistiger Klarheit führen.

Zu den positiven Wirkungen gehören unter anderem Entspannung, Hilfe bei wiederkehrenden oder chronischen Schmerzen, ein ruhiger Schlaf, ein besseres Gedächtnis, mehr Selbstvertrauen und -bewusstsein, Verbesserung des Körperbewusstseins, Kontrolle über negative Emotionen wie Wut und Angst, größere Toleranz gegenüber anderen Leuten und den Ärgernissen des Alltags, mehr Freude an den Genüssen des Lebens, persönliche und spirituelle Entwicklung, größere Wertschätzung der Natur, mehr Mitgefühl, Dankbarkeit für das Leben.

Oder kurz gesagt: Bewusstseinsreisen nähren Körper, Geist und Seele.

Worauf müssen wir achten und wie wenden wir geführte Bewusstseinsreisen erfolgreich an?

Geführte Bewusstseinsreisen können wir auf zwei verschiedene Weisen anwenden.

Zu jeder Bewusstseinsreise sind im Buch einführende Übungen beschrieben, die die richtigen Gehirnwellen und -areale aktivieren und so optimal auf die folgende Reise vorbereiten.

Danach lesen wir den Text und lassen das Gelesene auf uns wirken. Wir nehmen eine bequeme Haltung ein, in der wir uns wohlfühlen, und schließen die Augen. Wir sollten nur nicht einschlafen. Wenn das passiert, machen wir es uns ein bisschen »unbequemer« oder schließen die Augen nicht vollständig. Im Anschluss lassen wir uns so viel Zeit, wie wir möchten, um über den Inhalt zu reflektieren. Wenn wir die Zeit kontrollieren möchten, stellen wir uns einen Wecker, der uns nach der gewünschten Zeit erinnert, wieder in das Hier und Jetzt zurückzukommen. Wie das geschieht, ist ebenfalls im Text beschrieben. Man kann auch einfach beim Ton des Weckers tief und fest ein- und ausatmen, sich recken und strecken und die Augen wieder öffnen.

Nach der Bewusstseinsreise können die Tipps und Anregungen im Anschluss an jeden Text dabei helfen, die Wirkung zu intensivieren. Dort finden sich auch Beispiele aus meiner Praxis. Sie sollen veranschaulichen, wie die Bewusstseinsreise genutzt werden kann. Es hilft oft nachzulesen, wie die Reise bei anderen gewirkt und was sie bewirkt hat.

Die zweite Möglichkeit: Wenn nicht viel Zeit zur Verfügung steht oder man eher ein »Ohrenmensch« ist, hört man eine ausgewählte Bewusstseinsreise von der CD an und lässt das Gesagte auf sich wirken. Die Wirkung kann durch wiederholtes Hören verstärkt werden.

Oft gestellte Fragen zu Bewusstseinsreisen

Hier noch einige Fragen, die mir zum Thema Bewusstseinsreisen oft gestellt werden.

Wie oft sollen Bewusstseinsreisen angewendet werden?

Am besten vertiefen wir uns dreimal in der Woche in ein Thema. Lieber mehrmals fünf bis zehn Minuten als einmal in der Woche 30 Minuten.

Sollten wir dazu Musik hören?

Das kommt auf die eigenen Vorlieben an, probieren Sie es ruhig aus. Ich persönlich bevorzuge die Stille. Wenn man mit leiser, ruhiger Musik besser entspannen kann, dann kann auch mit Musik geübt werden.

Welche Position sollen wir zum Reisen einnehmen?

Nicht jeder kann entspannt im Schneidersitz oder gar Lotussitz sitzen. Wer möchte, kann ein Bänkchen oder -kissen zur Unterstützung verwenden. Da wir Mitteleuropäer aber eher an das Sitzen auf einem Stuhl gewöhnt sind, spricht nichts gegen einen Stuhl. Manche Bewusstseinsreise kann auch im Liegen erfolgen. Allerdings sollten Sie dabei nicht einschlafen. Wenn das passiert, machen Sie es sich ein bisschen unbequemer. Meine Empfehlung ist das Sitzen auf einem Stuhl, mit den Beinen fest auf der Erde, mit geradem Rücken, ohne sich an der Stuhllehne anzulehnen. Wer keine Stütze bei den Bewusstseinsreisen benötigt, der braucht bald auch im täglichen Leben keine »Stützen« mehr. Wenn diese Haltung am Anfang noch ungewohnt ist und schwerfällt, üben Sie sie bitte immer wieder, bis Sie stark genug sind. Am besten probieren Sie aus, wie Sie eine entspannte Aufmerksamkeit erzeugen und halten können. Das ist dann die richtige »Reisehaltung«. Wichtig ist, die Arme, Beine und Füße nicht zu verschränken, sondern offen zu halten für alles, was nun zu empfangen ist.

Sollen wir die Augen schließen?

Für Anfänger ist es oft leichter, die Augen zu schließen. Bei geschlossenen Augen werden unmittelbar Alpha-Wellen erzeugt. So werde ich die Bewusstseinsreisen auch mit wenigen Ausnahmen beginnen. Wenn wir geübter sind, können wir die Augen nur so weit schließen, dass wir noch einen kleinen Ausschnitt des Raumes vor uns sehen.

Noch ein paar Hinweise

Die Texte sind in der Du-Ansprache. Unser innerer Helfer wird lieber freundschaftlich angesprochen. Er soll ja unser bester Freund und Helfer werden.

Wenn wir üben, dann bitte nie unter Druck oder in Eile. Es ist schöner und auch viel sinnvoller und nützlicher, mit Freude zu üben und so oft zu wiederholen, wie es Freude macht. Jede Wiederholung bringt eine neue Erfahrung, und die Fülle der Erkenntnisse wird von Mal zu Mal größer und wertvoller.

Und noch eine Warnung: Bewusstseinsreisen dürfen nicht gemacht werden, wenn gleichzeitig eine Tätigkeit ausgeführt wird, die volle Aufmerksamkeit fordert wie das Autofahren, Maschinenbedienen etc.

2
Wie der innere Helfer in tiefe Gelassenheit führt

Wer kennt es nicht, dass wir vor einem wichtigen Ereignis einfach nicht in den Schlaf finden. Das Gedankenkarussell dreht sich, und wir drehen uns mit. Bis wir buchstäblich durchdrehen.

Stress, Anspannung, Unruhe, Angst machen uns für die Anforderungen des Lebens ziemlich unbrauchbar. Stress und Angst mindern unsere Immunabwehr, können uns also richtig körperlich krank machen. Sie lassen vorhandene Schmerzen noch schmerzhafter erscheinen. Der für die Regeneration und Reparatur unseres Körpers so notwendige Schlaf will sich nicht einstellen.

Wie schön wäre es dann, wenn wir etwas an der Hand hätten, das uns entspannt zur Ruhe kommen lässt, das unser Immunsystem stärkt und unsere Schmerzen lindert.

Ängste und Sorgen, Glaubenssätze in uns, deren Gültigkeit uns Autoritäten wie Eltern, Lehrer, Ärzte, Geistliche, Chefs eingeimpft haben, Ereignisse, die uns verletzt haben: All das belastet uns und arbeitet in und an uns, macht uns noch nervöser und unruhig.

Diese Ängste, Sorgen, Ereignisse, Glaubenssätze müssen wir neutralisieren, wenn wir wieder in ein positives Fahrwasser kommen wollen. Es geht darum, erholt zu schlafen und erfrischt aufzuwachen, einen Platz in uns selbst zu finden, der in jeder Situation Ruhe ausstrahlt und an den wir uns jederzeit begeben können. Tiefe Entspannung unterstützt unseren Körper bei der Immunabwehr. Und schließlich können wir sogar lernen, einen Schmerz zu vermindern.

Tatsächlich gibt es sie, die Felsen in der Brandung, diese Personen, die sich durch nichts aus der Ruhe bringen lassen. In welcher Hektik ein solcher Mensch auch steckt, ob die Kinder alle etwas anderes wollen, der Wagen vor einem wichtigen Termin nicht anspringt oder der Chef die vierte Aufgabe zur gleichen Zeit sofort erledigt haben will, die Ruhe bleibt. Solche Menschen bleiben konzentriert und gelassen. Sie sind auch die Einzigen, die im Mannschaftsbus vor einem Wettkampf selig schlafen.

Wenn wir also gerade mal wieder so richtig aus der Haut gefahren sind und mehr Schaden als Nutzen angerichtet haben, dann nehmen wir uns vor, in Zukunft gelassener zu sein.

In uns wächst der Wunsch, selbst der Fels in der Brandung zu werden.

Blockaden lösen – alten Ballast abwerfen

Einen großen Teil unseres Selbstbildes nehmen wir bereits in der Kindheit auf. Aus unbedacht geäußerten Sätzen von Eltern, Lehrern, Ärzten und anderen Autoritäten werden kraftvolle Suggestionen, die sich zu Glaubenssätzen verfestigen können.

Wer kennt nicht den berühmten Satz: »Das tut man nicht.« Wer ist »man«? Warum tut »man« das nicht? Sind wir »man«? Wer stellt die Regel auf?

In meiner Schulzeit wurde ein gerade auf dem falschen Fuß erwischter Schüler auch mal gern mit »Du bist so dumm wie Bohnenstroh« oder »So wird nie etwas aus dir« bedacht. Was machen solche Äußerungen mit einem Kind?

Sehr beliebt sind auch impulsive Erstaunensausrufe von Ärzten: »Was haben wir denn da?« Ja, wenn er es nicht weiß, wird das den Patienten sicher nicht beruhigen.

Im Berufsleben soll der Ehrgeiz geweckt werden mit »Ihr Kollege macht das aber schneller und besser«. Leider kann eine solche Aussage auch nach hinten losgehen, indem sie Angst auslöst.

Wir sehen: Blockaden können auf vielfältige Art in ganz alltäglichen Situationen hervorgerufen werden. Keiner ist dagegen gefeit.

In meinen Coaching-Sitzungen höre ich von jungen Mädchen und Frauen immer wieder einen tief verwurzelten Glaubenssatz, unterstützt von Vätern, Ehemännern, Lehrern usw. Dieser absolute Klassiker lautet: »Mädchen können mit Mathematik nichts anfangen.« Oder in einer anderen Version: »Frauen und Technik, zwei Welten prallen aufeinander.« Wenn ich dann erzähle, dass ich Mathematik und Informatik an einer technischen Universität studiert und mit einem Diplom abgeschlossen habe und fast dreißig Jahre in einem technischen Umfeld gearbeitet habe, erscheint erst ein fassungsloser Gesichtsausdruck und danach fast immer eine neugierige Frage in den Augen: Das kann eine Frau? Ja. Ich habe Glück gehabt, dass meine Eltern mir das zugetraut haben und dass ich Lehrer hatte, die mir meine Freude daran geglaubt und gefördert haben.

Die gute Nachricht: Es ist möglich, an unbewussten Einschränkungen zu arbeiten und Blockaden aufzulösen. Und das werden wir jetzt tun.

Übung: Blockaden lösen

Weil wir in Ruhe empfänglicher für Einsichten sind, werden wir zunächst eine Übung machen, mit deren Hilfe wir unseren Atem beruhigen. Die geschlossenen Augen und der beruhigte Atem erzeugen Alpha-Wellen und drängen die Beta-Wellen zurück.

Zähle zunächst, wie oft du in einer Minute ein- und ausatmest, also den gesamten Atemzyklus.

Setz dich nun bequem in einen Sessel oder leg dich auf ein Sofa. Mach es dir so bequem wie möglich und schließ die Augen.

Leg deine Hände auf deinen Bauch und fühle, wie sich deine Hände beim Einatmen heben und beim Ausatmen wieder senken. Atme möglichst in deinem natürlichen Rhythmus. Atme nicht bewusst langsamer und halte nicht die Luft an.

Nun stell dir vor, dass dein Atem ganz ruhig wird.

Vielleicht hast du den Wunsch, einen kleinen Augenblick nach dem vollen Einatmen oder nach dem kompletten Ausatmen zu verweilen. Erzwinge aber keine Pause. Atme ganz natürlich. Gib dich ganz deinem natürlichen Atemrhythmus hin. Spüre mit deinen Händen, wie ruhig und gleichmäßig dein Atem wird.

Öffne nun die Augen und zähl deine Atemzyklen wieder eine Minute lang.

Hör in dich hinein: Wie fühlst du dich im Moment? Wie hat sich die Anzahl der Atemzyklen verändert?

Du wirst erstaunt sein, was allein das Schließen der Augen, das bequeme Sitzen oder Liegen und der ruhige Atem ausmachen.

Track 02
Bewusstseinsreise »Blockaden lösen«

Du bekommst nun die Gelegenheit, mithilfe deines inneren Helfers alten Ballast abzuwerfen, den du im täglichen Leben sammelst, ohne es zu bemerken.

Nimm eine bequeme Sitzhaltung ein. Atme dreimal tief durch – ein und aus, ein und aus, ein und aus. Schließ deine Augen.

Jeden Tag, jede Stunde, jeden Moment sammeln wir etwas in uns an, das uns belastet, uns beschwert und uns in unserer Entspannung behindert. Es kann Stress sein, Ungerechtigkeiten, die uns widerfahren, Unruhe, eine Erkältung, die uns schwächt, Muskelverspannungen, weil etwas Ungeliebtes erledigt werden muss.

Eine Vielzahl von kleinen oder auch größeren Ereignissen in unserem Alltag können in uns Blockaden aufbauen, ohne dass wir das sofort bemerken. Erst wenn sich diese kleinen Blockaden summieren, beeinflussen sie unser Wohlbefinden und unsere Gesundheit. Deshalb ist es sinnvoll, von Zeit zu Zeit den alten Ballast über Bord zu werfen und die aufgebauten Blockaden zu lösen.

Unser innerer Helfer kennt jede Blockade, die sich in unserem Körper, in unserem Herzen, in unserer Seele aufgebaut hat. Er weiß, was uns belastet und blockiert. Er kennt unsere Ängste und Sorgen. Er kennt auch unsere Erinnerungen an Personen,

Situationen, Dinge, die uns vielleicht wehgetan haben. Er kennt alle Erfahrungen aus unserer Kindheit, Jugend und Gegenwart. Er kennt jede Zelle unseres Körpers, er kennt jeden Gedanken.

Wenn du nun deinen inneren Helfer bittest, dir beim Loslassen dieser Blockaden zu helfen, dann kannst du spüren, wie sich etwas in deinem Körper, in deinem Herzen und deiner Seele zu lösen beginnt. Dabei brauchst du keine Angst zu haben, dass etwas verschwindet, was du behalten möchtest. Es wird dich nur nicht mehr belasten.

Stell dir vor, dass dein innerer Helfer in jeden Winkel deines Körpers, deines Herzen, deiner Seele leuchtet. Dass er Licht in die Dunkelheit bringt. Dass sich deine Blockaden erkannt fühlen und du nicht länger an ihnen festhalten musst.

Vielleicht fühlst du schon, wie sich immer mehr in dir löst und immer mehr abfließen kann. Vielleicht fließt es über deine Arme und Hände, über deine Beine und Füße, über deinen Rücken und Bauch auf die Erde vor dir und sammelt sich in einer Pfütze.

Du kannst sehen, wie Tropfen für Tropfen von deinen Händen, Füßen über Rücken und Bauch auf die Erde tropft, wie die Pfütze immer größer wird. Vielleicht wird sie schon zu einem kleinen Bach, der ins Fließen kommt.

Und wenn du genau hinsiehst, fließt er von dir weg und nimmt alle deine gelösten Blockaden mit sich. Du kannst sehen, wie der Bach alles mit sich nimmt. Schließlich beginnt er in der Sonne, die vom Himmel scheint, zu verdunsten.

Die Sonne verwandelt den Bach in einen aufsteigenden Dunst. Und je mehr dieser Bach verdunstet, desto mehr kannst du fühlen, wie dein Körper, dein Geist und deine Seele immer leichter werden, immer freier. Der Bach wird zu einem Bächlein und wird immer kleiner, bis er ganz versiegt.

Wenn du noch einmal in dich hineinhorchst, wirst du feststellen, dass du dich ganz leicht und befreit fühlst. Alles, was dich belastet und blockiert hat, ist nun abgeflossen. Die Sonne hat all deine Ängste, deine Sorgen und Verletzungen mit sich genommen und verwandelt. Du fühlst dich komplett gereinigt.

Und da, wo etwas ins Fließen gekommen ist, ist nun Platz für neue, gesunde Energie. Vielleicht kannst du schon spüren, wie jede freie Stelle deines Körpers sich mit neuer, lebensfroher Energie füllt. Danach fühlst du dich voll mit neuer Kraft und so wohl wie schon lange nicht mehr.

Dein innerer Helfer muss dich nun nicht mehr vor deinen Ängsten, Sorgen, Blockaden schützen und ist frei, dich bei allem zu unterstützen, was dir guttut. Vielleicht bemerkst du bald, dass sich etwas in deiner Umgebung zum Positiven ändert, dass sich Probleme lösen, mit deren Lösung du gar nicht gerechnet hättest.

Lass meine Worte eine Weile auf dich wirken.

Dann komm ganz in deinem Tempo ins Hier und Jetzt zurück. Vielleicht möchtest du dich recken und strecken. Öffne dann deine Augen und sei wieder ganz im Hier und Jetzt.

Tipps zu »Blockaden lösen«

Oft wissen wir gar nicht, mit welchen blockierenden Glaubenssätzen wir durch das Leben gehen. Es lohnt sich, darüber ein bisschen mehr nachzudenken und zu forschen. Finde heraus, was du über dich, über andere, über die Welt und über deine Möglichkeiten denkst.

Beantworte die folgenden Fragen schriftlich.

Was glaube ich über mich selbst?
Diese Sätze beginnen immer mit:
Ich glaube …
(ich bin … mir ist wichtig … ich kann … ich darf … ich will … ich muss …)
Was glaube ich von meinen Mitmenschen?
Ich glaube …
(die anderen wollen … die anderen mögen … die anderen dürfen … die anderen sind … den anderen ist wichtig …)
Was glaube ich von meiner Umwelt, in der ich lebe?
Ich glaube …
(dass die Welt … unser Dasein … Gott … der höhere Sinn …)

Es gäbe noch viele weitere Themenbereiche, die du erforschen könntest, z.B. Leistung, Macht, Familie, Gesundheit, Alter usw.

Dann frage dich, was passieren würde, wenn du den Glaubenssatz nicht befolgen würdest. Was würde passieren, wenn genau das Gegenteil eintritt? Woher hast du eigentlich das Wissen darüber? Kennst du das bereits aus deinem bisherigen Leben? Denken Verwandte oder andere Bezugspersonen genauso wie du? Bist du von den Aussagen überzeugt?

Frage dich: Welche Fähigkeiten habe ich, die meinen Glaubenssätzen widersprechen? Ist es für mich bequem, an meinen Glaubenssätzen festzuhalten? Welche Glaubenssätze wären hilfreicher?

Wenn du alles noch einmal durchdenkst und analysierst, was glaubst du jetzt?

Besser schlafen – wie in Morpheus' Armen

Schlafen ist wichtig, sogar lebenswichtig. Im Schlaf regeneriert sich der Körper. Im Tiefschlaf teilen sich mehr Zellen als sonst, der Körper produziert dann den größten Teil seiner täglichen Menge an Wachstumshormonen. Das alles kann man als körperlichen Reparatur-Prozess bezeichnen. Im REM-Schlaf mit schnellen Augenbewegungen regeneriert sich das zentrale Nervensystem und damit die Psyche. Hier findet das intensive Traumerlebnis statt. Im REM-Stadium ist die Muskulatur völlig schlaff und das Gehirn doppelt so stark durchblutet wie sonst. Im REM-Schlaf wird immer wieder Verhalten geübt, das man ansonsten nur selten einsetzt. Wichtige Sinneseindrücke und Informationen des Tages werden geordnet und abgelegt. Überflüssiges wird gelöscht. Dadurch kann das Gehirn neue Sinneseindrücke aufmerksam und konzentriert aufnehmen, verarbeiten und speichern. Und schließlich werden bestimmte Organe geschont.

Wir brauchen also ausreichend Schlaf, um uns körperlich und seelisch zu regenerieren und um unsere Gedächtnisinhalte gut zu organisieren. So ist es auch ganz logisch, dass wir bei Krankheit und starker geistiger Beanspruchung mehr Schlaf brauchen. Unser Immunsystem und unser Gedächtnis verlangen danach.

Zu wenig Schlaf beschleunigt Alterungsprozesse, macht krank und verwirrt. Schlafentzug kann wie ein Vollrausch wirken bis hin zum Doppeltsehen. Die Wahrnehmung wird unzuverlässig bis hin zu Halluzinationen. Denkfähigkeit, Reaktionsvermögen, Koordinationsfähigkeit und Willenskraft nehmen ab.

Eine junge Frau, die aus beruflichen Gründen häufig Langstrecke fliegen musste, klagte darüber, dass sie auf den Flügen nicht schlafen könne, aber bei der Ankunft fit sein müsse. Zu Hause habe sie nie Probleme einzuschlafen. Sie erzählte mir, dass ihr Lebensgefährte und sie ein liebevolles Einschlaf-Ritual hätten: Er nähme sie in den Arm und sie erzählten sich das schönste Erlebnis des Tages. In diese »Besser schlafen-Reise« nahm ich deshalb das warme Gefühl einer Umarmung, die Erinnerung an das schönste Erlebnis des Tages und das Brummen der Flugzeug-Motoren auf. An die Stelle der Flugzeug-Motoren kann auch das Schnarchen eines Partners gesetzt werden. Das sollte man aber nur tun, wenn dazu keine absolut negative Einstellung vorliegt.

Eine andere Klientin litt seit der Geburt ihres Kindes unter Durchschlafstörungen. Kurz nach der Geburt hatte sie in der ständigen Sorge gelebt, sie könnte ihr Kind nicht hören, wenn sie tief schlafen würde. Deshalb schreckte sie regelmäßig aus dem Schlaf hoch und schaute nach ihrem Kind. Nun war das Kind aber schon erwachsen und wohnte gar nicht mehr zu Hause. Doch die Durchschlafstörung war immer noch da.

In diesem Fall mussten sie und ihr Unterbewusstsein erst einmal lernen, dass sie nicht mehr jederzeit verfügbar sein musste, um sich um ihr Kind zu kümmern.

Übung: »Besser schlafen«

Mit der nachfolgenden Übung werden die Beta-Wellen reduziert, die Alpha-Wellen intensiviert und niedrigfrequente Theta-Wellen erzeugt, die für die einsetzende Schläfrigkeit wichtig sind.

Leg dich hin, schließ die Augen und atme ruhig und gleichmäßig.

Hör genau hin, welche Geräusche es draußen vor deinem Fenster gibt. Autos, die vorbeifahren, Vögel, die zwitschern, Kinder, die rufen? Hör genau hin und versuche, so viele Geräusche wie möglich wahrzunehmen.

Dann konzentriere dich auf die Geräusche, die in deinem Zimmer zu hören sind. Vielleicht tickt eine Uhr, rauscht die Heizung oder eine Wasserleitung, knackt das Fenster. Konzentriere dich ganz und gar auf diese Geräusche.

Nun wende dich nach innen. Welche Geräusche kannst du in dir vernehmen? Das Pulsieren deines Blutes, das Knacken deiner Knochen, die Dehnung der Halssehnen? Hör tief in dich hinein.

Und nun begib dich zu dem Platz in dir, an dem es absolut still ist.

In dieser Stille erfährst du vielleicht andere Dinge wie Farben, Energien, Bilder oder ein Wort. Vielleicht auch einen ganz besonderen Klang.

Mit dieser Erfahrung findest du in Zukunft immer, wenn du es willst, an den Ort der inneren Stille und des inneren Friedens.

Nach dieser Übung mach bitte ein paar tiefe Atemzüge, streck dich, orientiere dich wieder in die Außenwelt und steh auf.

Track 03
Bewusstseinsreise »Besser schlafen«

Es gibt immer wieder einmal Situationen im Leben, in denen der Schlaf sich nicht wie sonst einstellen will. Dein innerer Helfer wird dir einen Weg zeigen, wie du wieder besser ein- und durchschlafen kannst, damit du erfrischt und erholt aufwachst.

Nimm eine bequeme Sitzhaltung ein oder leg dich hin. Atme ein und aus, ein und aus, ein und aus. Atme möglichst in deinem natürlichen Rhythmus. Atme nicht bewusst langsamer und halte nicht die Luft an. Nun stell dir vor, dass dein Atmen ganz ruhig wird. Schließ deine Augen.

Atme weiter in deinem Rhythmus ein und aus. Fühle, wie Ruhe in dir einzieht. Und weil die Ruhe die kleine Schwester des Schlafes ist, kann sie dich in den Schlaf begleiten. Es gibt viele Wege in den Schlaf. Vielleicht erinnerst du dich, dass du als Baby erst lernen musstest durchzuschlafen.

Dein innerer Helfer weiß, auf welchem Weg du diese wundervolle Fähigkeit zum Ein- und Durchschlafen erworben hast. Er hilft dir nun, diesen Weg wieder zu beschreiten.

Vielleicht hängt irgendetwas in dir noch fest an anderen Erinnerungen. Vielleicht gibt es Erinnerungen an Ereignisse, die es notwendig machten, aufzuwachen und Verantwortung zu übernehmen: ein schreiendes Kind, ein weinender Mensch, ein Geräusch, das dich verunsichert hat oder gar in Alarmbereitschaft versetzte.

Dein innerer Helfer wird dir helfen, die Erinnerungen an diese Erfahrungen in den kommenden Tagen und Nächten richtig einzusortieren, zu verarbeiten und loszulassen.

Und während dein innerer Helfer dir hilft, Altes loszulassen und Neues zuzulassen – während deine Ohren noch Geräusche deiner Umgebung wahrnehmen –, beginnen vielleicht schon die Träume, die dich in den Schlaf begleiten. Wie Tagträume, aus denen man leicht hinübergleitet. Das Tag-Bewusstsein gibt die Kontrolle an den Schlaf ab.

Fühle, wie angenehm warm und schwer dein Körper sich in deinem Bett anfühlt, wie er sich wohlig ausstreckt und in die Unterlage eindrückt. Du kannst fühlen, wie eine Wärme in deinem Bauch aufsteigt und sich über deinen gesamten Körper ausbreitet.

Und während deine Ohren noch aufnehmen, was zu hören ist, bemerkst du vielleicht, wie alles immer undeutlicher wird, wie du alles weiterziehen lässt, was du nicht festhalten musst.

Du kannst dich ganz dem angenehmen Gefühl der Ruhe, der Wärme, der Schwere hingeben, während hinter deinen geschlossenen Augen vielleicht wunderschöne Farben und Eindrücke auftauchen. Beginnende Träume.

Und weil die Welt sich währenddessen weiterdreht, nehmen deine Ohren wahr und leiten an dein Unterbewusstsein weiter, was verantwortungsvoll zu behandeln ist, während du tiefer und tiefer in den Schlaf und ein wohliges Gefühl sinkst.

Nach und nach kannst du die Kontrolle an deinen inneren Helfer abgeben. Dein innerer Helfer regelt alles für dich Wichtige. Du kannst dich ganz deinen Träumen hingeben, die vielleicht schon wie weicher, wabernder Nebel an dir vorbeiziehen.

Ganz natürlich und ohne dein aktives Zutun überschreitest du vielleicht schon die Schwelle zwischen Wach-Sein und Schlaf. Angenehm nimmt der Schlaf dich in seine Arme, hüllt dich ein in Wärme, Ruhe, Wohlbefinden.

Vielleicht bist du nun an einem wundervollen Ort. Die Sonne scheint auf deinen Körper und du nimmst ihre Wärme wahr. Der Wind streicht wohlig über deine Glieder und erfrischt dich gleichzeitig.

Du riechst einen angenehmen Duft, der dich vielleicht dazu veranlasst, tief einzuatmen, um all die Schönheit aufzunehmen. Vielleicht hörst du das muntere Gezwitscher von Vögeln, die in den Bäumen über dir sitzen, und das zarte Rauschen von Blättern im Wind. Eingehüllt in wohlige Wärme und beschützende Arme wiegt dich Morpheus, der Gott der Träume, wie in einer Schaukel. Hin und her, hin und her, auf und ab, auf und ab.

Und während du dich an den angenehmen Dingen erfreust, sorgt dein innerer Helfer wie ganz von selbst für deine Erholung und Regeneration. Das tut dein innerer Helfer schon seit deiner Geburt, von ganz allein und absolut perfekt. Er räumt auf, verarbeitet, lässt los, stärkt das Immunsystem, veranlasst deine Zellen zur Regeneration und Teilung. All das läuft ohne dein Zutun ab, ganz selbstverständlich.

Diese Erfahrung speichert dein innerer Helfer tief in dir ab und hilft dir, den Weg in den Schlaf zu finden. Und wenn es Zeit ist, zu erwachen, findet er einen Weg, wie er dich erholt und ausgeschlafen in das Tagesbewusstsein zurückkehren lässt. Zu der Zeit, die du wünschst, nach einer erholsamen und gesunden Zeitspanne.

Ganz langsam kommst du nun in deinem Tempo wieder zurück ins Hier und Jetzt. Lass dir die Zeit, die du brauchst.

Wenn du möchtest, kannst du dich auch recken und strecken. Dann bist du wieder ganz wach, gut erholt und frisch im Hier und Jetzt.

Tipps zu »Besser schlafen«

- Nimm deinen Schlafpatz in Augenschein: Ist er zu laut, zu warm, zu hell, zu kalt, die Matratze zu hart oder zu weich? Wenn du etwas feststellst, ändere es, so gut du kannst.
- Geh täglich ins Freie. Das Tageslicht fördert die Bildung des Schlafhormons Melatonin.
- Direkt vor dem Schlafengehen keinen Alkohol, keine aufregenden Filme, keine Probleme wälzen, keine Krimis etc.: Die Bildung des Traumhormons DHEA wird dadurch gedrosselt.

- Kreiere ein Einschlaf-Ritual, z.B. ein Glas Wasser trinken, einen schlaffördernden Tee oder ein Betthupferl zu sich nehmen (natürlich vor dem Zähneputzen).
- Schreib deine Probleme oder Dinge, die du morgen erledigen musst, auf einen Zettel und vergiss sie dann. Sie stehen ja zur Erinnerung auf dem Zettel.
- Denk an die schönen Dinge des Tages zurück.
- Erinnere dich an das Gefühl während der Bewusstseinsreise.

Zur Ruhe kommen – ich genüge mir

Den meisten von uns ist es unangenehm, mit sich selbst ganz allein zu sein. Den ganzen Tag werden wir berieselt durch Radio, Fernseher, Zeitungen. Im Büro sitzen die wenigsten noch in einem Einzelraum. Im Großraumbüro ist man ständig irgendwelchen Ablenkungen ausgeliefert. Wir können aber nur kreativ sein und neue Gedanken fassen, wenn wir auch einmal zur Ruhe kommen, wenn wir Stille aushalten können und uns selbst genügen.

Manche Menschen gehen zur Kontemplation in ein Kloster oder begeben sich in die Einsamkeit der Wüste. Das ist sicher von Zeit zu Zeit eine gute Möglichkeit. Doch auch im täglichen Leben sollten wir uns von Zeit zu Zeit eine Auszeit gönnen und zur Ruhe kommen. Wie gut wäre es, wenn wir unser eigenes Refugium hätten, in das wir uns zurückziehen können, in dem wir unseren Kopf frei bekommen für neue Gedanken und Ideen. Einen Raum, der nur für uns zur Verfügung steht und in dem wir Gelassenheit und Entspannung finden.

Sobald wir uns nicht mehr um unser Gedankenkarussell und alle mögichen emotionalen Zustände kümmern, sobald wir lernen, körperliche Spannungen zu lösen, kehrt unser Geist von selbst zu seinem natürlichen, ruhigen Zustand zurück.

Wenn ich mit Menschen, die zur mir kommen, ein erstes Informationsgespräch führe, bemerke ich in den meisten Fällen, das in unserem Vier-Augen-und-Ohren-Gespräch noch viele, viele andere Ohren und Augen beteiligt sind.

Ein russisches Sprichwort sagt: Wo zwei zusammen sind, sind sechs dabei – er, sie, die Vorstellung, die er von ihr hat, die Vorstellung, die sie von ihm hat, die Vorstellung, die er von sich hat und die Vorstellung, die sie von sich hat.

Wenn wir vom Hinsehen reden, dann ist auch oft Zuwenden gemeint. So wie die Worte es schon sagen: Wenn ich meinem Gegenüber zuhöre und hinhöre, was es mit all seinen Zwischentönen erzählt, dann wende ich mich ihm auch zu. Ich zeige ihm, dass ich ihn mit Achtung und Respekt behandele und seine gesamte Persönlichkeit wahrnehme. Das kann ich aber nur dann, wenn alle anderen inneren Gespräche vorher beendet sind, wenn an einem Vier-Augen-Gespräch wirklich nur vier Augen und vier Ohren teilnehmen.

Umso wichtiger ist es, einen Weg zur Ruhe einzuschlagen, damit endlich das innere Geplapper aufhört und wir uns uns selbst zuwenden.

Übung: »Zur Ruhe kommen«

Mit der Konzentration auf einen Gegenstand und dem Loslassen von Gedanken werden die Beta-Wellen reduziert, die Alpha-Wellen beständiger und die Frequenz der Theta-Wellen erhöht. Das führt uns zu tiefer Konzentration und ermöglicht es, das Gefühl und die Vorstellung in der geführten Bewusstseinsreise hervorzurufen.

Stell eine Vase, eine Blume, eine Kerze oder was du gerade zur Hand hast vor dir auf. Setz dich bequem mit geradem Rücken hin, ohne dich anzulehnen. Schau den Gegenstand vor dir genau an, in all seinen Einzelheiten, schenke ihm all deine Aufmerksamkeit. Dann lass die Fokussierung deines Blickes verschwimmen. Der Gegenstand wird unklar, wie hinter einer Nebelwand. Erlaube nun all den Gedanken und Bildern in deinem Kopf, sich zu vernebeln. Lass sie verschwommen und unklar werden und langsam verschwinden hinter der Nebelwand.

Konzentriere dich nun auf den Gegenstand vor dir. Du siehst allein den Gegenstand vor dir, eine Minute lang.

Track 04
Bewusstseinsreise »Zur Ruhe kommen«

Nach der Hektik des Alltags wirst du nun mithilfe deines inneren Helfers zur Ruhe kommen. Mit deinem inneren Helfer als Begleiter wirst du erkennen, wie wohltuend und erholsam es ist, dich ganz auf sich selbst zu konzentrieren. Nichts um dich herum kann dich stören oder aus dem Gleichgewicht bringen.

Nimm eine bequeme Sitzhaltung ein oder leg dich hin. Atme ein und aus, ein und aus, ein und aus. Jeder Gedanke, den du denkst, jedes Selbstgespräch bringt deine Zunge in Bewegung. Auch wenn es nur ganz kleine Bewegungen sind, so unterstützt deine Zunge dich dabei, Gedanken zu formulieren. Erlaube deiner Zunge, dass sie ganz entspannt in deiner Mundhöhle liegt. Wenn du willst, kannst du deinen Kiefer hängen lassen.

Beginne nun ruhig und gleichmäßig zu atmen. Fühle, wie jedes Einatmen warme Energie in deinen Körper fließen und jedes Ausatmen alte, verbrauchte Energie aus deinem Körper strömen lässt. Jeder Atemzug entspannt dich ein bisschen mehr, bringt dich in einen angenehmen Zustand der Ruhe. Wenn ein Gedanke auftaucht, halt ihn nicht fest, lass ihn weiterziehen. Halte keinen Gedanken fest. Kein Gedanke kann deine Ruhe stören. Nichts kann dich stören, kein Geräusch, kein Licht. Es bringt dich nur weiter und tiefer in deine Ruhe und Entspannung.

Fühle in dich hinein, ob noch irgendwo ein Muskel verspannt ist. Fühle deine Muskeln um die Augen und lass los, die Muskeln um deinen Mund, dein ganzes Gesicht, deinen Hals, deine Schultern. Entspanne deine Arme, deine Hände, deine Finger bis in die Spitzen. Fühle die Muskeln in deinem Brustkorb und entspanne, wo noch etwas verspannt ist. Überprüfe die Muskeln an deiner Wirbelsäule, Wirbel für Wirbel, vom Kopf bis zum Steiß. Entspanne die Muskeln in deinem Bauch und fühle, wie eine wohlige Wärme einzieht. Entspanne die Muskeln in deinen Oberschenkeln, deinen Unterschenkeln und deinen Füßen bis in die Zehenspitzen.

Richte deine Aufmerksamkeit ganz nach innen. Fühl in dich hinein. Spüre nach, an welchem Ort du die größte Ruhe empfindest: in deinem Herzen, deinem Bauch, zwischen den Augenbrauen, hinter der Stirn oder auf dem Scheitel deines Kopfes? Vielleicht spürst du die Ruhe in deinem Körper auch an einem ganz anderen Ort. Gleich, wo du die große Ruhe spürst, von diesem Ort aus kann sich das Wohlgefühl im ganzen Körper ausbreiten. Spüre nach, wie der Ort sich immer mehr ausdehnt und du dich immer wohler und ruhiger fühlst, bis dein ganzer Körper erfüllt ist.

Genieße diesen Zustand der Entspannung, der Ruhe, des Wohlseins eine kleine Weile. Sei dir genug. Du brauchst nur dich selbst und dieses Wohlgefühl. Sag leise zu dir: Ich genüge mir.

Dann ist es an der Zeit, wieder ins Hier und Jetzt zurückzukommen. Ganz in deinem Tempo richtest du die Aufmerksamkeit wieder auf deine Umwelt. Du hörst wieder Geräusche und kannst die Augen öffnen. Du kannst dich recken und strecken und bist wieder im Hier und Jetzt.

Tipps »Zur Ruhe kommen«

- Schenke dir genauso viel Aufmerksamkeit wie einem von dir geschätzten anderen Menschen und begegne dir selbst mit genauso viel Respekt und Aufmerksamkeit.
- Übernimm die Verantwortung für dein eigenes Leben. Finde heraus, was deine wahren Anliegen sind.
- Führe ein Tagebuch:
  - Je genauer du deine Gedanken formulierst, desto besser kannst du sie bearbeiten.
  - Wünsche, Ideen, Vorstellungen und Pläne lassen sich nach einer Konkretisierung viel leichter in die Tat umsetzen.
  - Durch wiederholtes Lesen des Aufgeschriebenen prägen sich die Inhalte viel besser ein.
  - Die Gedanken sind zielgerichteter und realer.

Tiefenentspannung – wie im Garten Eden

Jeden Tag leistet unser Immunsystem Hervorragendes. Es schützt uns vor Bakterien und Viren und wehrt sie erfolgreich ab. Es erkennt sogar entartete Körperzellen, die sich ohne den Einsatz der Immunabwehr als Tumorzellen ausbreiten könnten. Ist unser Immunsystem jedoch durch mangelnden Schlaf, Stress oder geistige Anspannung geschwächt, kann es selbst in Schwierigkeiten geraten und uns nicht mehr ausreichend schützen. Dann werden wir krank.

Ebenso kann dauerhafter Stress ohne Entspannung das Herz aus dem Takt bringen. Unser vegetatives Nervensystem beruht auf zwei Nerven mit Namen Sympathikus und Parasympathikus. Sie verhalten sich im Prinzip wie Gaspedal und Bremse eines Autos. Der Sympathikus bringt unseren Körper in Hab-Acht-Stellung für Kampf oder Flucht. Er beschleunigt unter anderem unseren Herzschlag. Der Parasympathikus bringt uns wieder in die Ruhe und verlangsamt den Herzschlag.

Tiefenentspannung ist für jeden von uns gesundheitsförderlich und sollte wie eine Vitalkur immer wieder angewandt werden.

Besonders bei stressbedingten Erkrankungen wie Herpes, Gürtelrose, Bluthochdruck, Herzrhythmusstörungen ist die Tiefenentspannung eine gute Ergänzung zur ärztlichen Therapie. Das sollte aber immer mit dem behandelnden Arzt abgesprochen werden.

In meine Praxis kam eine junge berufstätige Frau, Mutter von zwei kleinen Mädchen, die urplötzlich unter Geruchsstörungen litt. Sie erzählte mir, dass weder der Hals-Nasen-Ohren-Arzt noch der Neurologe eine körperliche Ursache gefunden hätte. Durch die Einschränkung beim Riechen fühlte sie sich sehr beeinträchtigt, weil es auch ihr Hobby, das Kochen, fast unmöglich machte.

Wir wissen ja alle, wenn man einen Schnupfen hat, schmeckt man auch nicht mehr richtig. Ohne Abschmecken kann man aber auch nicht gut würzen und kochen.

Schon beim ersten Kontakt kam mir die junge Frau zerstreut und hektisch vor. In unserem Vorgespräch bestätigte sich meine Beobachtung auch durch ihre eigenen Worte. Bei den vielen Aufgaben, die sie täglich bewältigte, brachte ein weiteres Ereignis das Fass zum Überlaufen: Ihr Vater, an dem sie sehr hing, hatte einen Schlaganfall erlitten. Die zusätzliche Sorge und Anspannung verhinderten einen gesunden, tiefen Schlaf, und sie fühlte sich seitdem abgeschlagen und gleichzeitig angespannt. Die Schlaftabletten, die sie vom Arzt bekommen hatte, ließen sie am nächsten Morgen nur noch geräderter erwachen.

Nach einer Stunde Tiefenentspannung fühlte sie sich schon gelassener. Nach einer weiteren Sitzung war sie entspannt und frohgemut, dass sie die Situation wieder bewältigen könnte. Nach der dritten Stunde kam ihr Geruchssinn wieder. Im übertragenen Sinne könnte man sagen, sie hatte von ihrer Situation die Nase voll gehabt. Durch die tiefe Entspannung war die Nase jetzt wieder frei.

Übung: »Tiefenentspannung«

Zur Tiefenentspannung benötigen wir einen Mix aus stark reduzierten Beta-Wellen, kontinuierlichen Alpha-Wellen und erhöhten Theta-Wellen. Zusätzlich brauchen wir ein Gefühl von Leichtigkeit und Geborgenheit.

Gestatte deinem Körper, sich zu entspannen. Löse Verspannungen, wo noch welche sind, und lass deinen Gedanken freien Lauf. Halte keinen Gedanken fest.

Ein tiefes Gefühl in dir umhüllt dich weich und warm. Lass dich fallen. Je tiefer du fällst, desto entspannter wirst du.

Im Fallen kannst du Bilder sehen, Farben, Zeichen. Du kannst Töne hören, Stimmen, Klänge. Du nimmst Gerüche wahr, schmeckst auf deiner Zunge unterschiedliche Gewürze und du fühlst etwas über deinen Körper streichen wie ein warmer Hauch.

Stell dir vor, dein Fallen endet sanft in der Mitte eines Kreises. Du kannst spüren, dass du in diesem Kreis absolut geborgen und aufgehoben bist. Du kannst hier vollkommen zur Ruhe kommen. Du bist umgeben von Sanftheit und Wärme. Du spürst, dass du hier Entspannung, Ruhe, Regeneration und Gesundung erfahren kannst. Gib dich dem Gefühl der Heilung hin. Fühle, wie dich etwas Heilendes durchdringt.

Vielleicht kommt dir ein Gedanke, der dich auf deinen Weg bringt, eine Eingebung. Alles fühlt sich gut und richtig für dich an.

Track 05
Bewusstseinsreise »Tiefenentspannung«

In Zeiten mit erhöhtem Stress oder Gefahr von Erkältungen kann eine tiefe Entspannung das zentrale Nervensystem und das Immunsystem unterstützen. Wenn Körper, Geist und Seele sich tief entspannen dürfen, werden Reparatursysteme aktiviert, um uns körperlich und seelisch zu regenerieren und um unsere Gedächtnisinhalte gut zu organisieren. Besonders gut entspannen und erholen können wir uns in der Natur. Dein innerer Helfer wird dir zeigen, worauf du achten solltest.

Nimm eine bequeme Sitzhaltung ein oder leg dich hin. Atme tief ein und aus, ein und aus, ein und aus. Mit der Kraft deines

Geistes und deines inneren Helfers verlasse diesen Raum und mache dich auf den Weg in einen Obstgarten.

Stell dir vor, wie dieser Garten im Frühling aussieht. Die meisten Obstbäume blühen bereits. Zuerst die Kirschen mit ihren wundervollen weißen, fünfblättrigen Blüten. Einige wie die japanische Kirsche sind mit einem rosafarbenen Schein und gefüllt.

Dann folgen die Birnen mit weißen Blütenbüscheln. Ihre Blüten riechen ein bisschen streng. Das verzaubert dich aber umso mehr.

Die geschlossenen Blüten der Apfelbäume sind rosarot angehaucht, und die bereits erblühten verströmen einen angenehmen Duft. Du verspürst den Wunsch, dich unter einen Apfelbaum zu legen, um die angenehme Wärme der Frühlingssonne zu genießen.

Wenn es noch ein bisschen kühl am Boden ist, kannst du eine Decke ausbreiten. Oder du setzt dich auf eine Bank, um die herrliche Natur zu genießen.

Wenn du von unten in die Baumkrone schaust, siehst du fleißige Helfer, die von Blüte zu Blüte fliegen und dabei den Blütenpollen von der einen zur anderen tragen. Du brauchst keine Angst vor Heuschnupfen zu haben. In diesem Obstgarten ist der Blütenpollen für jeden verträglich. Du kannst einfach nur die Ruhe genießen und dem leisen Summen und Brummen der Insekten zuhören.

Vielleicht hörst du auch das zänkische Tsitsidä einer Meise, das Vit, Vit, Vit eines Buchfinken oder das gleichmäßige Häh, häh, häh eines Dompfaffs. Genieße den Augenblick und das Wiegen der Frühlingswiese im Wind unter den Bäumen. Schau zu, wie trunkene Schmetterlinge von einer Wiesenblume zur anderen schaukeln und dabei Nektar naschen.

Ein paar Momente später hat sich der Obstgarten gewandelt. Der Sommer bringt die ersten Früchte. Die Kirschen leuchten dunkelrot durch die Zweige. Vielleicht hast du Lust wie zur Kinderzeit, ein Kirschenpärchen zu pflücken und dir über die Ohren zu hängen.

Die Birnen leuchten gelb an ihren Bäumen. Du kannst ihren Duft riechen. Stell dir vor, wie du in eine saftige Birne beißt und die Süße auf deiner Zunge schmeckst.

Die frühen Äpfel blinken grasgrün durch die Zweige. Überfluss pur im Garten Eden.

Die Drosseln stibitzen die Kirschen, die Wespen lutschen an den heruntergefallenen Birnen und die Äpfel machen Lust auf einen Apfelkuchen mit Sahne.

Die Wiese unter den Bäumen duftet nach Heu. Du kannst dich genussvoll in einem Baumschatten dem Rauschen der Blätter hingeben. Vielleicht streicht ein kühlender Wind über dich hinweg, und du kannst ganz und gar mit der Natur verschmelzen.

Nach einem kurzen Moment des Träumens hat sich unser Obstgarten wieder gewandelt. Die kürzeren und kühleren Nächte färben die Blätter gelb und rot. Der Kirschbaum zieht ein goldenes Kleid an, der Wein wirft sich in weinrote Schale, der Ahorn liebt Rot in allen Tönen. In Sachen Farbe nimmt es der Herbst mit dem Frühling auf.

Du kannst die Eichhörnchen bei ihrem emsigen Sammeln und Verstecken beobachten. Der Kleiber verstaut eifrig Samen in der rauen Rinde der Bäume. Die pfiffigen Meisen schauen genau zu und plündern schon einmal seine Vorräte. Die Drossel singt leise und in sich versunken ihr Lied. Du kannst fleißige Ameisen mit Vorräten auf ihren Straßen laufen sehen, um alles rechtzeitig in ihren Bau zu bekommen. Der Igel sucht sich einen schönen kuscheligen Laubhügel.

Spür die Herbstsonne und den Altweibersommer auf deiner Haut und wärm dich vor der kommenden Kälte noch einmal richtig auf.

Einen Wimpernschlag später ist der Winter in den Obstgarten eingezogen. Die Blätter sind gefallen, die Äste strecken sich kahl in die Lüfte. Nebel und Kälte geben ihnen über Nacht ein wunderschönes Kristallkleid. Der Raureif verzaubert alles. Du kannst die Ruhe spüren. Auch in dich kehrt eine große Ruhe ein. Alles wird leise und gedämpft.

Alles zieht sich zurück und ruht sich für den kommenden Frühling aus. Auch du kannst deine Kräfte sammeln und dich regenerieren für das neu erwachende Leben.

Vielleicht fühlst du, dass wir alle leben wie unser Obstgarten. Wir erblühen, bringen Früchte, werfen Altes ab und ruhen uns aus für neue Aufgaben, für ein neues Erblühen. So ist der Lebenslauf im Garten Eden.

Nimm noch einmal den Duft der Jahreszeiten in dich auf. Genieße die ersten Frühlingssonnenstrahlen, spür die Sommerwärme und freu dich am Überfluss des Herbstes. Und schließlich gibst du dich der Ruhe und Zurückgezogenheit des Winters hin.

Dann kommst du ganz in deinem Tempo wieder zurück in diesen Raum. Dehne und strecke dich. Spür hin, wie erholt du dich fühlst. Dein Körper, dein Geist und deine Seele sind mit neuer Energie versorgt und ganz und gar im Gleichklang. Öffne die Augen. Du bist wieder ganz im Hier und Jetzt, in diesem Raum, in dieser Zeit.

Tipps zur »Tiefenentspannung«

- Stell dir so oft wie möglich angenehme Situationen vor.
- Höre beruhigende Musik.
- Kuschele mit deinem Haustier.
- Sitz gemütlich mit geliebten Menschen zusammen.
- Geh in die Natur und genieße sie.
- Nimm ein warmes Bad oder geh in die Sauna.
- Denke liebevoll an dein Herz. Stell dir dabei vor, wie dein Herz ruhig schlägt und sich Ruhe und Wärme darin ausbreiten.
- Sei deinem Herzen dankbar, dass es so unermüdlich für dich schlägt.

Bei Schmerzen – einfach weggepustet

Wie leicht kann es passieren, dass wir uns durch eine falsche Bewegung, durch langes Arbeiten in einer ungünstigen Position, durch ungewohnte Tätigkeiten eine schmerzhafte Muskelverspannung einhandeln.

Vielleicht erinnern wir uns auch daran, dass wir uns beim Heimwerken schon mal einen Hammer auf den Fingernagel gehauen, bei der Vorbereitung zum Kochen in den Finger geschnitten oder den heißen Pfannenrand berührt haben.

Es gibt sicher hundert andere Beispiele von Schmerzen, die sehr unangenehm sind, aber nicht unbedingt einen Arztbesuch und eine Behandlung nach sich ziehen müssen.

Alle Schmerzen, deren Ursache wir kennen und von denen wir wissen, dass sie nicht behandlungsbedürftig sind oder unsere

Gesundheit in Gefahr bringen, können wir mit einer einfachen Technik bearbeiten.

Wir können auch den Schmerz bei chronischen oder akuten Leiden mit dieser Technik mildern, aber bitte immer nur mit Zustimmung des behandelnden Arztes.

In einem meiner Seminare war eine Teilnehmerin, die nach eigener Aussage unter Fibromyalgie mit wechselnden Muskel- und Gelenkschmerzen litt. Sie stellte sich für eine Demonstration gern zur Verfügung.

Für sie stellte sich ihr Schmerz im Rücken als heiß und feuerrot dar. Ich bat sie, ihren Atem in die feuerrote, heiße Stelle zu steuern und sich vorzustellen, dass mit jedem Atemzug die Stelle kühler würde. Nach einigen Atemzügen fragte ich sie, ob sich die Farbe nun verändert hätte. Ja, die Farbe hatte sich nach Lila abgekühlt.

Nun sollte sie sich weiter vorstellen, dass jeder Atemzug den Schmerz ein klein wenig geringer machen würde. Nach weiteren Atemzügen erklärte sie, dass die Farbe sich nun in ein kühles Blau gewandelt habe und sie den Schmerz kaum noch wahrnehme. Dann gingen wir in die Mittagspause.

Nach der Pause erzählte sie mir freudestrahlend, dass sie keinen Schmerz mehr spürte. Die Wirkung hielt noch ein paar Tage an, wie die Teilnehmerin mir später berichtete. Sie war froh, nun eine Methode an der Hand zu haben, die sie zu jeder Zeit gegen ihren Schmerz einsetzen kann.

Sicher war die Teilnehmerin darin geübt, sich selbst in einen entspannten, in sich gekehrten Zustand zu versetzen. Diesen Zustand erreicht man meist nur mit wiederholtem Üben.

Übung: »Bei Schmerzen«

Die optimale Vorbereitung erzeugt reduzierte Beta-Wellen, kontinuierliche Alpha- und Theta-Wellen und zusätzlich Delta-Wellen.

Erlaube deinem Körper, sich zu entspannen. Löse Verspannungen, beginne mit deinem Gesicht, deinem Kopf, deinen Schultern, deinem Oberkörper, deinem Bauch, deinem Rücken bis zu deinen Beinen, deinen Füßen und deinen Zehen. Fühle, wie sich deine Gedanken auflösen und alles um dich herum an Bedeutung verliert.

Nun gestatte dir, in dich zu gehen, zu deinem innersten Zentrum, in dem du dich ganz fühlst. Du spürst deine Wärme, du hörst deine Klänge, du erkennst Farben in dir, du riechst deinen ureigenen Geruch und kannst dein Zentrum schmecken.

Du ziehst dich immer mehr in dein Zentrum zurück. Und während du dich auf dein Zentrum, deine Gefühle und Wahrnehmungen konzentrierst, bemerkst du, dass du leicht wie eine Feder bist und ganz sanft und weich ins Schweben kommst.

Langsam schwebst du herab in ein weißes, schillerndes Licht. Du fühlst, dass dich ein Kreis umgibt. Eingehüllt in das weiße, schimmernde, gleißende Licht, bemerkst du, dass eine heilende Energie dich umhüllt. Je länger du dich in diesem Kreis aufhältst, desto mehr heilende Energie fließt in dich hinein. Und desto mehr kannst du loslassen, annehmen, akzeptieren. Fühle, wie die Energie an die Stellen fließt, die sie benötigen. Nun kannst du den Kreis verlassen und die heilende Energie in dir mitnehmen. Atme dreimal fest ein und aus.

Track 06
Bewusstseinsreise »Bei Schmerzen«

Schmerzen wollen uns etwas sagen. Sie zeigen uns, dass wir unser Verhalten ändern müssen. Sie warnen uns davor, so weiterzumachen wie bisher.

Es gibt aber auch chronische Schmerzen oder Schmerzen, deren Ursache wir kennen. Diese Schmerzen können wir durch diese Bewusstseinsreise mindern oder ganz vergessen. Wir können sie einfach wegpusten. Du solltest gut auf deinen inneren Helfer hören. Er wird dir sagen, ob dieser Schmerz weggepustet werden darf oder ob er eine sinnvolle Funktion hat.

Nimm eine bequeme Sitzhaltung ein oder leg dich hin. Atme tief ein und aus, ein und aus, ein und aus.

Der Schmerz, den du wegpusten möchtest – fühle ihn, wo er sitzt, wie er sich anfühlt. Wenn du diesem Schmerz eine Form geben solltest, wäre er dann eckig und spitz? Wenn du diesem Schmerz eine Farbe geben solltest, ist sie dann eher intensiv und vielleicht rot oder violett? Wenn du diesem Schmerz ein Gewicht zuteilen solltest, ist er eher schwer? Wenn du diesen Schmerz mit einer Oberfläche beschreiben solltest, ist sie eher rau? Wenn du diesem Schmerz eine Temperatur zuordnen solltest, ist sie eher heiß? Stell dir den Schmerz mit all seinen Eigenschaften vor.

Und stell dir nun vor, wie du diesen Schmerz von dem Ort, an dem du ihn am meisten fühlst, in deine rechte geöffnete Hand wandern lässt. Schau dir diesen Schmerz ganz genau an. Sieht er noch aus wie vorher an seinem ursprünglichen Ort oder haben sich seine Eigenschaften in deiner rechten Hand verändert?

Nun stell dir vor, wie der Schmerz seine Form verwandelt. Spüre, wie die Ecken und Spitzen flacher werden, wie sie sich immer mehr runden. Sieh vor deinen Augen die Farbe, wie ihre Intensität immer mehr verblasst. Fühle, wie dieser Schmerz in deiner rechten Hand immer mehr an Gewicht verliert. Fühle, wie die raue Oberfläche des Schmerzes sich immer mehr glättet. Fühle, wie die Hitze des Schmerzes in deiner rechten Hand immer mehr abkühlt.

Lass deinen Atem in deine rechte Hand strömen und spüre, wie sich die Form, die Farbe, das Gewicht, die Oberfläche und die Temperatur immer weiter verändern.

Nun lass diesen Schmerz in deine linke Hand wandern. Und während der Schmerz von deiner rechten Hand in deine linke wandert, verändert sich dieser Schmerz weiter. Vielleicht kannst du schon fühlen, wie der Schmerz rund, hell, leicht, sanft und kühl wird.

Wenn du ganz genau hinschaust, hinfühlst, dann kann es sein, dass dieser Schmerz sich zu einer Feder gewandelt hat oder zu einem Blatt Papier.

Vielleicht ist es noch eine große Feder wie von einem Strauß oder vielleicht ist es noch kein einzelnes Blatt Papier, sondern ein Stapel.

Dann lass den Schmerz noch einmal von der linken Hand in die rechte wandern. Wieder macht dieser Schmerz eine Wandlung durch und verändert sich. Vielleicht ist er nun zu einer Daunenfeder geworden oder zu einem Blatt Seidenpapier.

Puste einmal kräftig in deine Hand. Daunenfeder und Seidenpapier heben ab in die Lüfte und schweben langsam und leicht in ein anderes Land und nehmen den Schmerz mit sich in die Luft und an einen anderen Ort.

Fühle dich frei und erleichtert. Atme frei und erleichtert ein und aus. Genieße den Moment. Dann komm zurück ins Hier und

Jetzt. Nimm dabei das freie und erleichterte Gefühl mit ins Hier und Jetzt. Öffne deine Augen und orientiere dich im Hier und Jetzt.

Tipps zu »Schmerzen«

- Positive Gedanken können einen Schmerz lindern.
- Zieh die Aufmerksamkeit von deinem Schmerz ab und beschäftige dich mit Tätigkeiten, die dich fesseln und dir wirklich Spaß machen.
- Bevor du zur nächsten Tablette greifst, wende eine der Techniken an, die du gerade erlernt hast.
- Nimm ohne schlechtes Gewissen eine Tablette, wenn du sie brauchst.
- Beweg dich.
- Geh an die frische Luft.
- Führe ein Tagebuch darüber, wann der Schmerz auftritt, mit welcher Intensität, was du vorher getan hast, mit wem du geredet hast, in welcher Umgebung du warst und was deine Tätigkeit war. Wie ist der Schmerz wieder vergangen?
- Gib dem Schmerz ein Gesicht, male ihn in Formen und Farben.
- Frag deinen Schmerz, was er von dir will.
- Sei nett zu ihm, nicht zornig und nicht ungeduldig.

3
Wie man mit dem inneren Helfer seine Ziele in Schule und Beruf erreicht

Die Fähigkeit, Wissen schnell, effektiv und eigenständig zu erwerben, ist eine Grundkompetenz für eine erfolgreiche Zukunft.

In unserer heutigen Welt, in der sich das Wissen rasant vermehrt und verändert, aber auch schnell veraltet, ist es für Menschen jeden Alters wichtig, sich eigene Lernstrategien anzueignen. Wer nicht ständig weiterlernt, sitzt bald auf veraltetem Wissen und wird früher oder später seinen Arbeitsplatz verlieren.

Leider höre ich immer wieder, wie Kinder und deren Eltern über die Anforderungen der Schule stöhnen. Lernen ist harte Arbeit für diese Schüler. Dabei sollte das Lernen Freude machen! Die Schule sollte die Neugier befriedigen und uns helfen, immer mehr Wissen zu erwerben.

Gleichgültig, ob wir nun über Schüler, Studenten oder die arbeitende Bevölkerung reden, wichtig sind drei Dinge: Wenn wir mit *Neugier* an eine Aufgabe herangehen, mit einer *positiven Erwartung* auf die Lösung hoffen und mit *Selbstvertrauen* versuchen, die Aufgabe zu bewältigen, werden wir wahrscheinlich zu einem positiven Ergebnis kommen. Wie in einer Aufwärtsspirale führt die Lösung der Aufgabe zu mehr Selbstbewusstsein, was wiederum die Neugier und die Lust auf weitere Aufgaben anheizt.

Ständiges Lernen bis ins hohe Alter kann eventuell die Alterung des Gehirns hinauszögern oder sogar verhindern. Aus neueren Studien von Hirnforschern wissen wir: An den Nervenzellen (Neuronen), die für die erlernte Aktivität benötigt werden, bilden sich Fortsätze, sogenannte Dendriten, die neue Verbindungen zu Nachbarneuronen knüpfen. Diese Veränderungen finden während der Tiefschlafphasen statt, die wegen der langsamen Gehirnwellen als Deltaschlaf bezeichnet werden.

Eine Wiederholung der Übungen am nächsten Tag kann die Bildung neuer Dendriten verstärken. Lernen benötigt Zeit, Regelmäßigkeit und Konzentration auf ein Thema. »Lernen, üben, am nächsten Tag wiederholen und viel Schlaf« ist also die Zauberformel.

Prof. Wen-Biao Gan, Neurobiologe an der New York University School of Medicine, erklärt es mit dem Bild wachsender Blätter. Etwas am Tag neu zu lernen und zu üben aktiviert neue Knospen an einem bestimmten Ast. Der Tiefschlaf lässt dann die Blätter sozusagen über Nacht sprießen.

Diese neuen Erkenntnisse untermauern, dass wir das Lernen gut unterstützen können, wenn wir die Delta-Gehirnwellen aktivieren.

Superlearning – leicht, schnell und dauerhaft

Der alte Traum von Schülern und Studierenden sowie Lehrern und Professoren, der Nürnberger Trichter würde Wirklichkeit, ist vielleicht gar nicht so falsch. Die Vorstellung, wir könnten uns fast ohne Aufwand und Anstrengung Wissen aneignen und auch dem Unwilligsten alles beibringen, ist schon sehr alt. Die neuesten Erkenntnisse zum Thema Lernen weisen darauf hin, dass Lernstrategien verbunden mit Spaß und Konzentration sehr effizient sind.

Manche Unterrichtsstoffe interessieren uns leider nicht die Bohne. Dann werden wir auch keinen Erfolg darin verbuchen. Manche finden wir so interessant, dass wir gar nicht bemerken, wie leicht wir die Inhalte in uns aufnehmen und auch wiedergeben können. Wenn wir das erkannt haben, sind wir schon einen Schritt weiter.

Der Psychologe Mihály Csíkszentmihályi hat sich ausführlich mit den Bedingungen unseres Lernens auseinandergesetzt. Er kommt unter anderem zu dem Ergebnis, dass eine Tätigkeit dann besonders erfolgreich erledigt wird, wenn ein eindeutiges Ziel dahintersteht und unsere Fähigkeiten gerade noch ausreichen, die Herausforderung zu bewältigen. Besonders motivierend ist es, wenn wir sofort einen Erfolg erkennen können oder eine Bestätigung erhalten. Stimmen die Randbedingungen, dann sind wir voll konzentriert auf unsere Aufgabe.

Man kann leicht nachempfinden, dass wir uns in einem Fach oder Bereich, der uns nicht interessiert, schlechter konzentrieren können. Dann kann es ein angestrebtes Ziel sein, mindestens ein »ausreichend« in der Mathematik-Arbeit zu erreichen.

Ist also das Ziel klar, sind Anforderungen und Fähigkeiten ausgewogen, und bekommen wir eine Rückmeldung, dann können wir aufmerksam, konzentriert und mit unserer vollen Energie ans Werk gehen. Nichts kann uns nun ablenken, kein Gedanke, kein Gefühl. Wir vergessen um uns herum Zeit und Raum und gehen ganz in unserer Tätigkeit auf.

Bei Schülern, Studenten oder Erwachsenen, die sich weiterbilden und dabei meine Unterstützung suchen, habe ich die Erfahrung gemacht, dass unsere Schulen, Universitäten oder Weiterbildungsinstitute oft ausschließlich Sachwissen lehren, aber wenig Anleitung zum Lernprozess an die Hand geben.

Nur wenige Lernende haben ein eigenes Ziel vor Augen. Der Grund für den Besuch bei mir sind meist die Ziele der Eltern oder die Angst vor einer Blamage. Ich versuche dann gemeinsam mit meinen Klienten herauszufinden, welches ihr ganz persönliches Ziel ist. Hier eine kleine Auswahl:

- Das Abitur schaffen, weil ein ganz bestimmter Beruf angestrebt wird
- In einem Fach besser werden, weil der Numerus clausus geschafft werden soll
- Eine Prüfung ablegen, um im Beruf bessere Aufstiegsmöglichkeiten zu haben
- Eine Zusatzqualifikation möglichst schnell erwerben, um den Anforderungen einer Stellenausschreibung zu entsprechen
- Mit einer neuen Ausbildung sich selbstständig machen

Es geht also nicht allein um eine bessere Note, eine bestandene Prüfung oder zusätzliches Wissen. Das Ziel und der Wunsch dahinter sind der eigentliche Motor und die Motivation. Sie machen uns auf das Ergebnis neugierig. Die Konzentration darauf lässt uns durchhalten und lenkt uns von der sonst als eintönig empfundenen Arbeit ab.

Übung: »Superlearning«

Zur Vorbereitung brauchen wir reduzierte Beta-Wellen, kontinuierliche Theta-Wellen in einer höheren Frequenz und als Vermittler zwischen beiden stabile Alpha-Wellen. Die Alpha-Wellen sind hier äußerst wichtig, weil sie sicherstellen, dass wir uns an das Gelernte erinnern.

Stell dir vor, du gehst über einen moosigen Waldweg. Rechts und links von dir siehst du Bäume stehen. Fühl die unterschiedlichen Rinden, die eine rau, die andere glatt. Sieh dir alle Pflanzen am Waldboden an. Wie unterschiedlich sie in Farben und Formen sind. Vielleicht kannst du auch Käfer oder Ameisen entdecken.

Welche Tageszeit ist gerade auf deinem Waldweg? Welche Temperatur? Welches Wetter?

Nimm deutlich wahr, dass du alles mit deinen Sinnen auffassen kannst.

Nun stell dir vor, du siehst dich auf dem Waldweg wie in einem Film. Du siehst dich, wie du dich umschaust. Siehst, wie du die Rinde der Bäume berührst, und fühlst die Temperatur. Du siehst dich weitergehen und die Pflanzen betrachten.

Vielleicht kommt dir gerade ein Gedanke, den du festhalten möchtest. Du nimmst aus deiner Tasche Stift und Zettel und schreibst deinen Gedanken auf. Nun kannst du den Gedanken nicht mehr vergessen. Verstaue Stift und Zettel wieder in deiner Tasche. Du weißt zu jeder Zeit, wo du deinen Gedanken festgehalten hast und wo du nachschauen kannst.

Welche Sichtweise kam dir leichter vor? Den Waldweg mit deinen Sinnen in dir zu sehen oder dich wie in einem Film zu betrachten?

Übe beide Versionen und kombiniere sie miteinander.

Track 07
Bewusstseinsreise »Superlearning«

Leicht lernen und das Erlernte jeder Zeit wiedergeben zu können, muss kein Traum bleiben. Dein innerer Helfer kann dir helfen, alle Bereiche im Gehirn, die für das Lernen wichtig sind, zu aktivieren. Dein innerer Helfer wird deine Konzentration beim Lernen so einstellen, dass neues Wissen leicht in dich hineinfließt. Er wird dafür sorgen, dass es so in deinem Gehirn abgelegt wird, wie du es im Bedarfsfall am besten wiederfindest.

Nimm eine bequeme Sitzhaltung ein und schließ deine Augen nicht vollständig. Lass deine Augenlider nur so weit hängen, dass du noch einen kleinen Teil des Raumes vor dir wahrnimmst. Atme tief ein und aus, ein und aus, ein und aus.

Aus der Gehirnforschung wissen wir, dass das Gehirn einen Zustand der entspannten Konzentration zum optimalen Lernen benötigt, eine lockere Aufmerksamkeit. Wenn du die Augen unvollständig schließt und gleichzeitig tief ein- und ausatmest, weiß dein innerer Helfer, dass Lernen angesagt ist. Er weiß nun, was zu tun ist, damit du leicht und locker neue Informationen aufnimmst.

Durch diesen optimalen Lernzustand, in dem neues Wissen wie von selbst in dich hineinfließt, hast du immer mehr Spaß und Freude daran, etwas Neues zu erlernen. Lernen wird richtig angenehm, und dein Wunsch zu lernen wird immer größer. Du kannst gar nicht mehr genug davon bekommen.

In den meisten Fällen ist das Lernen mit einem Ziel verbunden. Mit einem Ziel, auf das wir gern hinarbeiten. Hier wird wieder dein innerer Helfer aktiv. Dein innerer Helfer steuert deine Lust aufs Lernen so, dass du immer gut vorbereitet bist. Er motiviert dich und führt dich wie von selbst zu den notwendigen Informationen. Und wenn du lernst, dann vergeht die Zeit wie im Flug. Es stresst dich nicht, es nervt dich nicht, sondern es geschieht einfach.

Aus der Gehirnforschung wissen wir auch, dass das Lernen mit Spaß und Freude die beste Basis für das Speichern und Abrufen der Informationen zum rechten Zeitpunkt ist. Jede gelernte Information ist mit einer Emotion verknüpft.

Und so wie du ein wichtiges Ereignis in deinem Freundeskreis nicht nur einem Freund erzählst, sondern die gleiche Geschichte vielen Freunden immer wieder erzählst, so prägt sich Erlerntes am besten durch Wiederholung ein.

Dein innerer Helfer weiß, dass es einen optimalen Zustand zum Lernen gibt und auch einen, um das Wissen wieder abzurufen. Er stellt dir diesen Zustand zur Verfügung, so wie er gebraucht wird.

In Prüfungen oder Vorträgen wirst du feststellen, dass du entspannt bist wie noch nie und dass das Wissen geradezu aus dir herausfließt, so wie du es brauchst.

Stell dir vor, wie leicht dein Leben wird, wenn du Wissen mit Leichtigkeit aufnehmen kannst und es dir jederzeit zur Verfügung steht. Du brauchst dir keine Sorgen mehr über Prüfungen, Vorträge oder wichtige Gespräche zu machen.

Vertraue auf deinen inneren Helfer, der dir hilft, alle deine inneren Potenziale voll auszuschöpfen. Er hilft dir, dein Wissen so zu organisieren, dass du immer leistungsfähiger und immer besser wirst.

Mit dieser Unterstützung wird Lernen sich für dich verändern. Es wird sich ein Gefühl der Erleichterung in dir ausbreiten. Nun bist du optimal aufgestellt, um leicht und locker, schnell und effizient zu lernen und das Erlernte zuverlässig und mit Leichtigkeit wieder abzurufen.

Öffne nun deine Augen wieder vollständig und orientiere dich wieder ganz im Hier und Jetzt.

Tipps zu »Superlearning«

- Stell dir dein anvisiertes Ziel genau vor. Schreib es dir auf und leg es dir gut sichtbar auf einen Platz, den du oft betrachtest. Du kannst dir auch mehrere Zettel schreiben und an verschiedene Orte hängen, z.B. an den Spiegel im Badezimmer. Dann beginnt dein Tag mit deinem Ziel und endet mit ihm.
- Denke positiv über dein Ziel und alles, was du dafür tun willst.
- Sei neugierig auf alles, was es auf dem Weg zu deinem Ziel zu entdecken gibt.
- Freu dich über jede neue Entdeckung und über jedes Aha-Erlebnis.
- Verfeinere die Aufzeichnungen zu deinem Ziel jeden Tag ein bisschen. Schreib mehr Details auf: Was hast du schon erreicht, was ist noch zu tun?
- Wiederhole das Erlernte täglich.
- Gönne dir Pausen und geh an die frische Luft.
- Denk dir eine Belohnung aus, die du dir selbst schenkst, wenn du dein Ziel erreicht hast.
- Erinnere dich vor dem Schlafengehen daran, dass du im Schlaf das Erlernte dauerhaft abspeichern wirst.

Steigerung der Gedächtnisleistung – alles drin und abrufbar

Es gibt immer wieder Situationen, in denen wir glauben, an unsere Grenzen zu stoßen. Vielleicht wünschen wir uns dann eine kleine Fee, die ihren Feenstaub in unser Gehirn pustet, damit wir wirklich alles bedenken und über unsere Grenzen hinausgehen können. Wer wäre nicht gern ein kleiner Einstein?

Vor Prüfungen wünschten wir, wir könnten alles wiederholen und danach auch wieder abrufen. Im Angesicht der vielen Bücher vor uns reagieren wir aber eher hilflos und panisch. Das ist nicht zu schaffen. Gleichzeitig wissen wir genau, dass wir die Inhalte bereits bearbeitet und verstanden hatten. Wie viel ist davon noch im Gedächtnis vorhanden und was schon wieder vergessen?

Sollen wir eine eigene Ausarbeitung mit neuen Erkenntnissen erstellen, dann wäre eine »Eingebung« sehr willkommen.

Ein Jahr vor ihrem Abitur hatte ich eine ehrgeizige Schülerin in meinem Studio. Sie wollte unbedingt Medizin studieren und brauchte deshalb eine sehr gute Note für den Numerus clausus. Neben Übungen aus der pädagogischen Kinesiologie (BrainGym), die die Zusammenarbeit der beiden Gehirnhälften, die Aufmerksamkeit, das Verstehen und Wiedergeben von Wissen fördern, machte ich mit ihr die Übung zur Steigerung der Gedächtnisleistung.

Sie schrieb tatsächlich sehr gute Noten. Das schönste Ergebnis für sie war jedoch die neue Fähigkeit, Zusammenhänge sehr schnell zu erkennen, über diese zu referieren und die Ergebnisse mit ihren eigenen Gedanken zu erweitern. Diese neue Fähigkeit kenne ich als wissenschaftliches Arbeiten.

Übung: »Steigerung der Gedächtnisleistung«

Wie in der Übung für das Superlearning brauchen wir reduzierte Beta-Wellen, kontinuierliche Theta-Wellen in einer höheren Frequenz und als Vermittler zwischen beiden stabile Alpha-Wellen. Die Alpha-Wellen sind wieder äußerst wichtig, weil sie sicherstellen, dass wir uns an das Gelernte erinnern.

Entspanne deinen Körper. Beginne am Kopf und entspanne alle deine Muskeln im Gesicht, am gesamten Kopf, über deinen Hals zu deinen Schultern, deine Arme bis in die Fingerspitzen, deinen Oberkörper, deinen Bauch, deine Wirbelsäule, deine Beine bis in die Zehen. Fühle nun, wie eine angenehme Wärme deinen Bauch erfüllt. Dann fühle, wie sich ein helles Licht in deinem Kopf ausbreitet und ihn ganz ausfüllt. Fühle, wie du in dieser Wärme und diesem Licht ganz leicht wirst und ins Schweben kommst.

Lenke deine Aufmerksamkeit zur Wurzel deiner Wirbelsäule und sieh vor deinem inneren Auge eine rote Farbe. Lass deine Aufmerksamkeit ein wenig in den unteren Bauchraum aufsteigen und sieh eine orangene Farbe. Richte nun deine Aufmerksamkeit auf die Gegend um deinen Bauchnabel und stell dir die Farbe Gelb vor. Deine Aufmerksamkeit steigt weiter in die Region um dein Herz auf und du imaginierst die Farbe Grün. Lass deine Aufmerksamkeit weiterwandern zu deinem Hals und stell dir die Farbe Hellblau vor. Weiter steigt deine Aufmerksamkeit auf zu deiner Stirn; du siehst die Farbe einer dunkelblauen Jeanshose, Indigo-Blau. Deine Aufmerksamkeit wird nun wie selbstverständlich zu dem höchsten Punkt auf deinem Kopf, zu deinem Scheitelpunkt gezogen und du siehst ein beeindruckendes Lila über deinem Scheitel.

Vielleicht bemerkst du nach der Reise durch die Farben deines Körpers, dass das helle Licht in deinem Kopf ein schimmerndes, glitzerndes Weiß aus allen deinen Farben ist. Alles ist in deinem Kopf vereint. Vielleicht bemerkst du, dass du den schwebenden Zustand am Anfang der Übung die gesamte Zeit der Reise durch deinen Körper eingehalten hast und dass du mit jeder Farbe, die du gesehen hast, leichter wurdest. Du fühlst dich leicht, energiegeladen, schön, wunderbar.

Tritt jetzt die Rückreise an. Beginne an deinem Scheitel, über deine Stirn, über deinen Hals, dein Herz, deinen Bauchnabel, deinen Unterbauch zurück bis zur Wurzel deiner Wirbelsäule.

Fühle die Leichtigkeit, dein Wohlbefinden, deine Energie und sei bereit für die Reise zur Steigerung der Gedächtnisleistung.

Track 08
Bewusstseinsreise »Steigerung der Gedächtnisleistung«

Dein innerer Helfer kennt Techniken, um schnell, effektiv und verlässlich neues Wissen aufzunehmen und zum rechten Zeitpunkt wieder abrufbar zu organisieren.

Nimm eine bequeme Sitzhaltung ein. Atme tief ein und aus, ein und aus, ein und aus. Im Bereich deines Beckenbodens, am Ende deiner Wirbelsäule, ist die elementare Energie deines Lebens angesiedelt. Nennen wir sie »Kraft deines Lebens«. Spür in diese Energie hinein und fühle, wie sie langsam in dir aufsteigt, vom Ende der Wirbelsäule aus deinem Beckenboden in den Bereich um deinen Bauchnabel.

Spüre, wie die aufsteigende Energie sich hier erwärmt und wie sie dir Ruhe und Konzentration vermittelt. Verweile einen Moment in dem Gefühl der Ruhe und Konzentration und der wohligen Wärme. Vielleicht wirst du bemerken, wie dein Atem ganz ruhig und regelmäßig wird. Vielleicht kommt dir nun in den Sinn, warum du dieses Wissen erwerben willst, und du fühlst vielleicht die Freude in dir aufsteigen, wie wunderbar du dieses Wissen anwenden könntest.

Dann lass diese Energie ein bisschen weiter aufsteigen, in den Bereich deines Magens, deiner Körpermitte. Du spürst, wie sich die Energie nochmals verstärkt, und du weißt, dass dieses neue Wissen Erwartungen in dir weckt, die dich ganz neugierig machen. Du kannst es kaum abwarten, dass die Energie weiterfließt.

In der Gegend um dein Herz fühlst du nun die Energie. Es wird immer klarer, was du da zu lernen hast. Du fühlst, wie viel Freude dir das Arbeiten und Lernen macht. Es kommt dir vielleicht vor, als hätte dein innerer Helfer dir eine helle Lampe angeschaltet, sodass du nun alles ganz klar vor dir siehst.

Die Energie steigt weiter in dir auf bis in den Bereich deines Halses. In dir verstärkt sich der Wunsch, über deine neuen Kenntnisse zu reden, sie anderen zu erklären und zu vermitteln. Dir fallen immer mehr Dinge und Begebenheiten ein, was du noch erzählen könntest, wie du dein neues Wissen noch einsetzen könntest.

Dein innerer Helfer zeigt dir nun, wie du dein Wissen ordnen und sortieren kannst, damit es dir zu jeder Zeit, wenn es gebraucht wird, zur Verfügung steht. Es gibt einen Punkt fast zwischen deinen Augenbrauen, nur etwas höher, da liegt dein Zentrum, um alle Informationen aufzubewahren. Lass nun die wertvolle Energie zu diesem Punkt fließen, den manche auch das dritte Auge nennen. Dein innerer Helfer sortiert die Informationen, beschriftet sie und legt sie ab wie in einem großen Archiv. Und wenn du mal etwas nicht sofort weißt, dann erinnere dich an deinen inneren Helfer, deine Energie und dein drittes Auge. Du wirst sehen, die Informationen werden wie von selbst wieder präsent sein.

Lass deine Energie noch weiter aufsteigen bis in alle Regionen deines Gehirns. Im menschlichen Gehirn gibt es viele Regionen, die nicht genutzt werden oder wie durch Tore versperrt sind. Das Licht deines inneren Helfers öffnet alle diese Tore und vernetzt die Areale des Gehirns miteinander, die bislang noch voneinander getrennt waren. Vielleicht bemerkst du, wie dein Geist immer heller wird. In dem Maße, wie dies geschieht, werden die Areale deines Gehirns auf eine neue Weise miteinander verknüpft und vernetzt.

Und dies erlaubt dir neue geistige Leistungen. Leistungen, von denen du dachtest, dass du sie nicht erreichen wirst. Du musst nur auf deinen inneren Helfer und seine Weisheit vertrauen.

Vertraue darauf, dass dieser Prozess weitergeht, sich weiterentwickelt. Du weißt, auch wenn du es dir nicht immer bewusst machst, dass deine Hirnareale auf eine neue Weise miteinander vernetzt und verwoben sind und dass du jetzt neue geistige Leistungen erbringen und neue Einsichten gewinnen kannst. Du kannst auf eine neue, energievolle Art Informationen gewinnen, die dir im Alltag von Nutzen sein können. Die dir weiterhelfen können.

Verweile noch einen Moment bei dieser wohltuenden und angenehmen Erfahrung. Und wenn du gleich wieder ins Hier und Jetzt zurückkehrst, dann weißt du, dass dein innerer Helfer für dich ein Tor geöffnet hat, das es dir ermöglicht, jederzeit diese Kraft wieder zu aktivieren. Du wirst die wohltuende Wirkung dieser Energie in deinem Leben spüren.

Öffne nun die Augen, strecke und recke dich und orientiere dich wieder vollständig im Hier und Jetzt.

Tipps zur »Steigerung der Gedächtnisleistung«

- Stell sicher, dass nichts und niemand dich beim Lernen oder Arbeiten stört. Schalte die Telefone und die Türklingel stumm, leg alles, was dich ablenken könnte, außerhalb deiner Sichtweite.
- Verbanne negative Gefühle oder Gedanken. Schreibe sie auf und leg den Zettel in eine Schublade, die du erst wieder öffnest, wenn du deine Lerneinheit abgeschlossen hast.
- Führe vor jeder neuen Lerneinheit ein Ritual durch, das dich auf das Lernen und die Konzentration einstimmt. Du kannst z.B. auf einen Zettel schreiben, was du heute lernen und welche Aufgaben du erledigen möchte2chsten Atemzug strömt schon wieder frische, energetische Luft in deinen Körper, während die verbrauchte wieder ausgeatmet wird.
  Das Ritual darf ruhig ein paar Minuten in Anspruch nehmen.
- Beginne mit der schwierigsten Aufgabe.
- Mach Pausen: nach 45 Minuten fünf Minuten, nach weiteren 45 Minuten 15 Minuten.
- Trinke ausreichend Wasser: 0,4 Liter pro 10 Kilo Körpergewicht über den Tag verteilt.
- Geh nach zweimal 45 Minuten Lernzeit für mindestens zehn Minuten an die frische Luft. Am besten, du gehst zehn Minuten in einem für dich schnellen Tempo oder machst am offenen Fenster ein paar Dehnübungen.

- Stell dich an ein Fenster mit Fernblick. Nun fokussiere deine Augen erst in der Nähe, dann auf ein Objekt in der mittleren Distanz und dann lass deinen Blick in der Ferne ruhen. Wiederhole das dreimal.
- Schlafe ausreichend.

Meine Berufung – das will ich

Die meisten von uns üben einen Beruf aus, um Geld zu verdienen. Das heißt nicht, dass sie sich mit ihrem Beruf unglücklich fühlen. Jede Tätigkeit kann so gestaltet werden, dass sie nicht nur Last und notwendiges Übel ist, sondern auch eine innere Befriedigung bringt. Eine Berufung ist noch ein ganz klein wenig mehr. Wenn wir die innere Notwendigkeit verspüren, wenn ein inneres Feuer in uns brennt, sodass wir nicht anders handeln können: Das ist eine Berufung.

Berufung findet man vielleicht in altruistischen Berufen wie Arzt, Seelsorger, Krankenpfleger, Lehrer oder in der Sparte der schönen Künste wie Maler, Musiker, Schauspieler. Auch Ingenieure, Mathematiker, Physiker, Biologen brennen vor Leidenschaft zu ihrem Beruf. Gestalterisch Tätige wie Gärtner, Architekt, Designer brauchen ebenfalls etwas mehr als nur den Überlebensinstinkt. Allerdings können auch diese Berufe ohne jede Berufung ausgeübt werden, ohne dass es von außen bemerkt wird. Aber kann nicht auch eine Putzfrau ihrer Berufung folgen? Oder ein Müllmann? In jeder Tätigkeit steckt Potenzial zur eigenen Gestaltung und zur Berufung.

Mit jungen Menschen, die vor der Berufswahl stehen, oder auch älteren, die wieder ins Erwerbsleben zurückwollen, führe ich einen Exkurs zu ihrer Berufung durch, ohne das Geldverdienen aus dem Blick zu verlieren. Wir beginnen immer mit den Fähigkeiten und Wünschen. Was bewegt diese Menschen im Leben, welche Vorbilder haben sie, was finden sie besonders spannend? Daraus erarbeiten wir eine Vorstellung und ein Bild, das dann als Ziel dient. Der Weg zum Ziel ist nie gerade und wird immer wieder nachgebessert. Hauptsache, das Bild und die Vorstellung bleiben halbwegs konstant. Wobei sich durchaus schon mal der Schwerpunkt aus der Mitte herausbewegen kann oder ein Seitenaspekt zum Mittelpunkt wird.

Eine Dame der Generation Fünfzig plus wollte nach ihrer beruflichen Tätigkeit als Sekretärin noch einmal durchstarten und etwas machen, was ihren Fähigkeiten, Begabungen und Interessen entsprach. Sie interessierte sich für Einrichtung und Design, aber ebenso für Naturheilkunde. Sie hatte Erfahrung in der Durchführung von Messen und Ausstellungen und liebte ganz besonders die Organisation von Veranstaltungen. Privat war sie begeisterte Oma und eine leidenschaftliche Tangotänzerin. Sie hatte schon einige naturheilkundliche Seminare absolviert. Bei mir war sie gelandet, um Feng-Shui zu erlernen. Was sie damit später machen wollte, wusste sie noch nicht, aber das würde dann schon kommen, meinte sie.

Gemeinsam gingen wir mit der unten beschriebenen Reise zu ihrem weisen Ratgeber auf die Suche nach ihrer Berufung und fanden sie auch schnell, nachdem sie die Fragen, die in ihrem Inneren schlummerten, stellen konnte. Die Antworten warteten nur auf eine Formulierung und Umsetzung. Sie designt heute Messestände auf Möbelmessen, entwirft für exklusive Möbelhäuser Ausstellungsräume und gestaltet ehrenamtlich Kindergartenräume.

Ein anderes Beispiel ist ein junger Mann, der unbedingt Arzt werden will. Für ihn war seine Berufung vollkommen klar. Nur reichte leider seine Abiturnote nicht, um die Berufung ohne zeitliche Verzögerung in die Wirklichkeit umzusetzen. Aber sein Ziel war deutlich und stand bis ins kleinste Detail vor seinen Augen.

Gemeinsam gingen wir also auf die Suche nach dem Weg zu seinem Ziel. Es führen immer viele Wege nach Rom. Auch hier waren die Fragen nach alternativen Möglichkeiten der Schlüssel zur Lösung. Mit der Reise zu seinem inneren Helfer tauchten nicht nur Fragen, sondern auch gleich Antworten auf. Um die Wartezeit zu überbrücken, konnte er ein freiwilliges soziales Jahr in einem Krankenhaus machen oder sich zum Rettungssanitäter ausbilden lassen. Oder er konnte eine Ausbildung als Krankenpfleger absolvieren. Er kann versuchen, im Ausland zu studieren, oder sich für ein Probesemester an einer Universität bewerben, um seine Qualifikation nachzuweisen.

Ich bin überzeugt, aus ihm wird mal ein ausgezeichneter Mediziner.

Übung: »Meine Berufung«

Mit der Übung wollen wir eine Reduktion der Beta-Wellen und eine Verstetigung der Alpha- und Theta-Wellen erreichen. Die Theta-Wellen ermöglichen den Zugriff auf dein inneres Wissen, während die Alpha-Wellen wie eine Brücke zwischen deinem inneren Wissen und deinem Tagesbewusstsein wirken. Nur mit kontinuierlichen Alpha-Wellen kommen deine Erkenntnisse auch in dein Bewusstsein.

Nimm dir mindestens fünf Minuten Zeit, um dich ausgiebig zu entspannen. Entspanne deine Muskeln beginnend am Kopf bis in die Zehenspitzen. Stell dir jeden einzelnen Muskel vor, wie er loslässt. Dann führe in Gedanken noch einmal einen Body-Check aus. Überprüfe jeden Muskel, ob es noch eine Verspannung gibt, und lass los.

Beginne deine Atmung zu kontrollieren. Du atmest tief ein und aus. Deine Atmung wird ruhig und regelmäßig. Dein Herzschlag wird ruhig und regelmäßig. Lass jeden Gedanken, der erscheint, vorüberziehen. Halte ihn nicht fest. Lass ihn kommen und wieder gehen.

Du fühlst nun Ruhe und Frieden in dir. Lass in deinem Geist eine wundervolle Umgebung in der Natur entstehen. Es kann eine Wiese sein, ein Park, ein Wald, Berge, Wasser, Strand.

Stell es dir so genau wie möglich vor. Geh im Geist in deiner Landschaft spazieren. Erkunde die Wege, die Vegetation. Erkunde sie mit all deinen Sinnen. Sieh die Farben und Formen, fühl die Strukturen der Vegetation und Landschaft, hör die Töne in deiner Landschaft, rieche die Gerüche. Vielleicht kannst du sogar etwas auf deiner Zunge schmecken.

Schau dich um: Welche Tageszeit ist gerade? Scheint die Sonne oder regnet es? Ist es warm oder kalt?

Verändere deine Landschaft im Geist so, dass du dich rundum sicher und geborgen fühlst.

Track 09
Bewusstseinsreise »Meine Berufung«

Manchmal wissen wir nicht ganz genau, was wir wollen. Für die meisten ist eher klar, was sie nicht wollen. Um unsere Berufung zu finden, haben wir unseren weisen inneren Helfer, den wir jederzeit fragen können. Mit seiner Hilfe erkennen wir unsere Berufung, unser Ziel und die Wege dorthin.

Nimm eine bequeme Sitzhaltung ein. Schließ dic Augen. Atme tief ein und aus, ein und aus, ein und aus. Mit der Kraft deines Geistes kannst du diesen Raum verlassen und dich in ein großes Haus mit vielen Menschen und unterschiedlichen Fähigkeiten begeben.

Eine große, breite Freitreppe führt in das Haus hinein. Steig Stufe für Stufe hinauf. Mit jeder Stufe spürst du eine angenehme Wärme in deinem Körper. Dein Körper verwandelt sich in schwebende Leichtigkeit. Mit jeder Stufe, die du erklimmst, eroberst du eine andere Erkenntnis, bis du am Ende der Treppe die große Empfangshalle des Hauses betrittst, die Ebene der Weisheit.

Dort sitzt ein Pförtner, der dir bereitwillig alle Fragen beantwortet. Fragen, die dir wirklich wichtig sind. Hier sind alle Fähigkeiten vereint, die du vielleicht erwerben möchtest. Hier ist alles, was du brauchst, um deine Berufung zu finden.

Wenn du genau hinschaust, ist der Pförtner nämlich dein weiser innerer Helfer. Er kennt alle Antworten auf alle Fragen. Du musst nur deine Frage klar und deutlich formulieren. Damit du nichts vergisst, erhältst du einen Notizblock und einen Schreiber. Notiere dir alles, was du fragen möchtest, jeden kleinen Aspekt, jede Kleinigkeit und Besonderheit. Und wenn deine Frage eindeutig formuliert ist, geh zu deinem weisen inneren Helfer und stell ihm die Frage. Allerdings wird er sie dir erst beantworten, wenn deine Frage wirklich klar formuliert ist. Du kannst so viele Fragen stellen, wie du willst, bis du sie klar und eindeutig formuliert hast.

Und weil alles im Leben eine männliche und eine weibliche Seite hat, steht deinem weisen inneren Helfer eine weise Frau zur Seite. Du wirst sehen, der weise innere Helfer und die weise Frau kennen dich sehr genau. Wenn du die Frage formulierst, ist dir manchmal, als hätten beide inneren Helfer in dir einen Platz und die Antwort käme wie aus dir selbst heraus. Lass dir Zeit mit deiner Frage.

Geh durch das Haus und lass dir von den Menschen darin ihre Fähigkeiten erklären. Lass dir Zeit und schau dir jede Ebene genau an. Vielleicht hast du schon eine Frage, auf die du die Antwort in deinen Alltag mitnehmen kannst.

Verabschiede dich nun von deinem weisen inneren Helfer und der weisen Frau. Bedanke dich bei den beiden. Du kannst jederzeit wiederkommen, um sie zu fragen.

Mit neuen Einsichten und Erkenntnissen kehrst du in deiner Geschwindigkeit ins Hier und Jetzt zurück. Die nächsten Nächte und Tage werden dir weitere Antworten geben auf deinem Weg zu deiner Berufung. Atme einmal tief und kräftig durch, und du kommst wieder zurück ins Hier und Jetzt, in diesen Raum.

Tipps zu »Meine Berufung«

- Wenn du die Reise zu deiner Berufung allein machst, leg dir einen Zettel griffbereit zurecht, damit du deine Gedanken aufschreiben kannst.

- Nimm ein Aufzeichnungsgerät zur Hilfe und sprich laut deine Fragen und Antworten darauf.
- Was machst du in deinen Tagträumen am liebsten?
- Wenn du nicht auf das Geld schauen müsstest, was würdest du dann am liebsten tun?
- Welche Person und welche Eigenschaften an ihr bewunderst du?
- Welche deiner Fähigkeiten hat für dich und andere den größten Nutzen?
- Welche Menschen aus deinem Umfeld sind deiner Meinung nach glücklich? Und warum?
- Welche Momente in deinem Leben sind für dich glücklich, erfolgreich und erfüllt?
- Welche Wünsche möchtest du dir gern erfüllen?
- Was möchtest du, dass andere über dich denken?
- Wenn du im hohen Alter auf dein Leben zurückblickst, was möchtest du erreicht haben?
- Führe ein Tagebuch, in das du jeden Abend die erfüllenden Momente des Tages einträgst. So findest du heraus, was du gern und gut machst.

Lampenfieber – nichts ist wichtig außer mir

Lampenfieber kann uns in vielen Situationen überfallen. Am bekanntesten ist es bei Künstlern vor oder während ihres Auftritts. Es kann auch vor einer Prüfung oder einem Vorstellungsgespräch in uns aufsteigen. Wer vor einem Publikum, ob groß oder eher klein, einen Vortrag halten soll, kennt meist auch das kribbelige Gefühl von Nervosität. Sportler können es haben, aber auch Verliebte vor dem ersten Treffen.

Lampenfieber wirkt sich sehr unterschiedlich aus. Man kann zappelig, nervös, unkonzentriert sein, das Herz rast, die Atmung geht schwer bis hin zu wirklichem Fieber. Die Angst vor dem Versagen lässt uns dann wirklich versagen. Wir haben einen Blackout, vergessen Texte, können Tanzschritte nicht mehr erinnern, uns versagt die Stimme, das Timbre eines Sängers kann sich unangenehm verändern.

Der Sportler erstarrt geradezu vor dem Start und kann seine Bewegungsabläufe nicht mehr wie trainiert abspulen. Die Zuhörer erkennen unser Erröten und unsere Fahrigkeit, was auch nicht zur Beruhigung beiträgt.

Kurz gesagt: Alles, was wir eingeübt haben, läuft nicht mehr wie geplant und wie hinter einer großen Nebelwand. Selbst wenn der Auftritt, der Vortrag oder der Skisprung optimal abläuft, erinnern wir uns danach nicht mehr daran. Nur unsere Angst, unser Leid ist uns noch präsent. Und das leider bis zum nächsten Mal. Wir sind gefangen in einem Perpetuum mobile, das sich immer wieder wie von selbst befeuert und anstößt.

Das erste Mal in meinem Leben hatte ich es mit einem solch verheerenden Lampenfieber zu tun, als meine Ballettschule eine Matinée veranstaltete. Ich durfte vor meinen Eltern, den Eltern meiner Mitelevinnen, den Geschwistern, Verwandten und vielen mehr mein Können zeigen.

Wir reisten an, und ich ging mit meinen Mitstreiterinnen in die Garderobe zum Umkleiden. Und zack, da war es. Mir wurde heiß und schwindelig. Mein Herz klopfte bis zum Hals. Ich wurde kurzatmig.

Als wir uns auf der Bühne aufstellten, hatte ich nur noch einen Gedanken: Ich wollte weg. Ich konnte mich auch an keinerlei Choreografie mehr erinnern.

Dann ging der Vorhang auf, und mir war klar, weglaufen war ausgeschlossen.

Da erbarmte sich jemand meiner und senkte gnädig einen wunderbaren Nebel auf mich hinab, sodass ich das Publikum nicht mehr wahrnahm und wieder tanzen konnte. Ich habe keine Erinnerung an die Vorführung, alles, was ich darüber weiß, stammt von Fotos. Aber das Gefühl des Lampenfiebers (das ich in dieser Form nie wieder hatte) blieb.

Bei einem Rhetorik-Seminar habe ich erlebt, dass gestandene Manager ihren eigenen Namen nicht mehr fehlerfrei herausbringen konnten. Dabei sollten sie nicht mehr und nicht weniger tun als sich vorstellen. Sie sollten ihren Namen, ihren Geburtsort, ihr Geburtsdatum, ihre Ausbildung, ihren Aufgabenbereich, ihren Familienstand und ihre Hobbys nennen. Eine einfache Aufgabe, könnte man meinen. Der besondere Trick dabei war: Jedes Mal, wenn sie ins Stocken kamen, sich verhaspelten oder »ähm« sagten, mussten sie von vorn beginnen. Und das bereitet Stress. Die Angst vor dem Versagen wird mit jedem neuen Anlauf stärker.

Lampenfieber ist wie die Angst nicht ausschließlich negativ. Es macht uns aufmerksamer und sogar konzentrierter. Nur wenn es zu einem alles beherrschenden Gefühl wird, ist Hilfe dringend notwendig. Die nachfolgende Übung kann unser Selbstvertrauen stärken und Nervosität in Konzentration verwandeln.

Ich hatte einen Manager um die vierzig in einer Beratung, der mit zunehmendem Alter immer mehr Lampenfieber bekam, wenn er vor einer größeren Versammlung sprechen musste. Leider gehörte genau das aber zu seinen Aufgaben.

Wir haben die Übung gemeinsam nur ein einziges Mal durchgeführt. Danach hat er, wie angeleitet, vor jeder Präsentation den Text noch einmal durchgelesen und im Geiste wiederholt. Er fühlte sich wieder sicher und strahlte eine Kompetenz aus, die sein Publikum in seinen Bann zog.

Er berichtete mir noch viele Monate später, dass er jetzt keine negative Grundhaltung vor anstehenden Präsentationen mehr hätte. Die Übung jedoch hatte er als Ritual beibehalten. Es gab ihm zusätzliche Sicherheit und Ausstrahlung.

Ein junger Schauspieler wollte seine Ausdrucksstärke und seinen Vortragsstil verbessern. Er hatte das Gefühl, in bestimmten Situationen hätte er seine Stimme nicht voll unter Kontrolle und würde »kieksen« und ein bisschen atemlos erscheinen. Seine Kollegen bestätigten ihm zwar, dass er weder kiekste noch atemlos sei, aber allein das Gefühl, es könnte so sein, schwächte seine Selbstsicherheit und wirkte sich negativ auf sein Wohlbefinden aus.

Schon nach einer Übungsstunde bemerkte er eine Verbesserung. Nach drei Übungsstunden fragten seine Kollegen, welches Mental-Training er machte. Wer selbstsicher und dadurch ausdrucksstark ist, begeistert sein Publikum. Dass seine Kollegen eine Veränderung bemerkten, machte ihn richtig stolz.

Übrigens ist es wirklich so, dass Lampenfieber zu Verspannungen der Muskeln führen kann. Wenn die Mundmuskulatur betroffen ist, kann das Auswirkungen auf die Sprache haben. Der Brustkorb gibt nicht mehr so viel Volumen für einen tiefen Atem her und man erscheint atemlos. Die Motorik eines Schauspielers kann beeinträchtigt werden, und besonders die Ausdruckskraft der Mimik kann erheblich leiden. Bei Musikern kann sich das auf die Leichtigkeit, Exaktheit und Schnelligkeit des Spiels niederschlagen: Man hört förmlich die Anspannung. Ein Streicher überträgt unter Umständen zittriges Bogenstreichen auf die Saiten seines Instruments.

Übung: »Lampenfieber«

In unserer Übung werden wir nach Erreichen der Alpha-Wellen so tief wie möglich in den Theta-Wellen-Zustand eintauchen.

Entspanne dich von Kopf bis Fuß. Achte auf eine regelmäßige, ruhige Atmung, hör auf deinen ruhigen und festen Herzschlag. Überprüfe noch einmal all deine Muskeln. Wo es noch eine Verspannung gibt, lass sie los. Schließe deine Augen ganz fest und versuche, sie noch fester zu schließen. Dann lass die Muskeln los.

Denke nun an ein Bild, in dem du eine Treppe Stufe für Stufe abwärtsgehst. Mit jeder Stufe, die du abwärtssteigst, fühlst du eine zunehmende Schwere, bis du vollkommen entspannt und gelöst an einem Ort des Wohlbefindens angekommen bist. An diesem Ort findest du das, was du suchst: Selbstvertrauen, Furchtlosigkeit, Aufmerksamkeit, Wachheit, Konzentration, Heilung von deinem Lampenfieber. Nimm wahr, welche Wärme und Energie dich hier umhüllen. Diese Wärme und Energie nimmst du mit in die nächste Situation, in der du dich unwohl fühlen könntest.

Track 10
Bewusstseinsreise »Lampenfieber«

Oft haben die besten Künstler Lampenfieber. Lampenfieber ist meist die Sorge, dass irgendetwas schiefgehen könnte. Die Sorge, dass man etwas vergisst, etwas falsch macht, sich falsch verhält. Lampenfieber hat auch noch eine andere Funktion – zu schützen und aufmerksam und wachsam zu machen, um gut zu sein. Aber leider kann es auch das Gegenteil bewirken. Dein innerer Helfer weiß genau, wo der Mittelweg für dich ist. Er sorgt dafür, dass du wach und aufmerksam bist, dein Wissen zur rechten Zeit abrufbar ist und deine Fähigkeiten sofort für dich zur Verfügung stehen.

Nimm eine bequeme Sitzhaltung ein. Schließ die Augen. Atme tief ein und aus, ein und aus, ein und aus. Mit der Kraft deines Geistes kannst du diesen Raum verlassen und dich in eine Situation versetzen, in der du bisher Lampenfieber bekommen hast.

Versetz dich in die Gefühle hinein, die du in solchen Situationen bisher empfunden hast. Nun lass deine geschlossenen Augen zuerst nach unten blicken, dann nach links unten, nach links, nach links oben, nach oben, nach rechts oben, nach rechts, nach rechts unten, nach unten und nun geradeaus. Wenn du fühlst, dass deine Augen noch eine andere Bewegung ausführen wollen, dann lass das zu.

Nun stell dir vor, wie du die gleiche Situation so durchläufst, wie du es dir wünschst. Stell dir vor, dass die Zuhörer an deinen Lippen hängen oder dass der Prüfer dich anerkennend anschaut und dir bewundernd auf die Schulter klopft und gratuliert. Fühle den Applaus, den dir dein Publikum schenkt. Nun schau dir dein Publikum genau an. Lass deine geschlossenen Augen von links nach rechts, von oben nach unten schweifen. Und weil es so schön war, wiederhole den Blick auf dein Publikum von links nach rechts oder von rechts nach links, von oben nach unten oder von unten nach oben. Damit du deinen Erfolg so richtig genießen kannst, lass deinen Blick noch ein drittes Mal durch dein Publikum schweifen.

Dein innerer Helfer nutzt alle diese Vorstellungen, Gedanken und Gefühle, um sie in Erfüllung gehen zu lassen. Die Tatsache, dass du eine Vorstellung hast, wie alles sein könnte oder wie du es gern hättest, zeigt, dass das Potenzial in dir existiert, deine Vorstellungen wahr werden zu lassen.

Stell dir nun vor, wie dein innerer Helfer dich in eine angenehme Energie hüllt. Diese Energie schafft dir einen Ort der Sicherheit und der Geborgenheit vor allem, was dich bisher nervös gemacht hat. Du bist jetzt viel entspannter, viel gelassener, viel freier. Und du wirst bemerken, dass du keine Nervosität mehr empfindest. Du wirst vor der nächsten Situation wunderbar schlafen können. Und in der Situation wird dein innerer Helfer dir alle Kräfte zur Verfügung stellen, die du brauchst, um diese Situation hervorragend und mit einem guten Gefühl zu meistern.

Genieße noch einen Moment dieses wunderbare Gefühl. Dann komm wieder zurück in diesen Raum und fühl dich wieder im Hier und Jetzt. Wenn du willst, dann recke und strecke dich und atme tief ein und aus.

Tipps zu »Lampenfieber«

- Bevor du in eine Situation kommst, die bei dir Lampenfieber auslösen könnte, mache Entspannungsübungen, wie du sie bisher gelernt hast. Also Muskeln entspannen, Atmung beobachten und Gedanken nicht festhalten.
- Führe vorab eine Siegergeste aus: Atme tief ein, streck beide Arme nach oben, als wenn du den ersten Preis gewonnen hättest, und lass dann deine Arme fallen. Atme dabei deutlich hörbar aus.
- Wenn die Siegergeste zu auffällig ist, zieh deine Schultern hoch und atme dabei tief ein. Dann lässt du deine Schultern bewusst nach unten sinken und atmest dabei aus.
- Gähne und massiere deine Kiefergelenke. Gähnen entspannt, die Massage deines Kiefergelenkes macht die Muskulatur frei.

- Stell dir einen Ort vor, an dem du dich vollkommen wohl und entspannt fühlst, vielleicht einen Strand im Sonnenschein mit rauschenden Wellen oder den Blick von einem Berg ins Tal, der dir die Schönheit der Landschaft und ein Gefühl der Freiheit suggeriert. Oder eine Lichtung im Wald, in der du das Spiel von Licht und Schatten genießen kannst und entspannt dem Gesang der Vögel lauschst.
- In der eigentlichen Situation der Vorstellung, Präsentation oder Prüfung wählst du dir einen Menschen im Publikum aus, der dir wohlgesinnt ist. Du wirst ihn auf jeden Fall finden, schau dich nur um. Diesem Menschen erzählst oder zeigst du alles, was nun kommt.
- Bei einem großen Publikum ist es manchmal hilfreich, nicht auf einzelne Personen zu schauen, sondern leicht (aber wirklich nur leicht, sonst meint dein Publikum, du übersiehst es) über die Menge hinwegzuschauen, sozusagen nicht in die Augen, sondern auf die Stirn des Publikums.
- Übe deine Situation mit einem oder mehreren wohlwollenden Menschen. Es reicht auch, vor dem Spiegel mit dir selbst zu üben. Wichtig ist, dass du laut und deutlich redest.
- Überlege dir mögliche Fragen, Einwände, Reaktionen deines Publikums und lege für dich fest, wie du reagieren wirst.
- Führe alles langsam und bedacht aus. Du hast Zeit, dein Publikum wird Pausen, langsames Reden, langsame Bewegungen und einen langsam schweifenden Blick als Selbstbewusstsein, Gelassenheit und Kompetenz werten.

4
Wie man mit dem inneren Helfer seine Ziele im Sport erreicht

Lernstrategien, Arbeitsstrategien und Trainingsstrategien haben vieles gemeinsam. Das Abenteuer herauszufinden, wo beim Lernen oder beim sportlichen Training die persönlichen Grenzen sind und wie man sie überschreiten kann, ist sicher ganz zentral dabei. Und natürlich gehört auch wieder die Freude am eigenen Tun dazu. Warum sollte ich mich sonst körperlich schinden?

Durch ständiges Üben immer besser zu werden, über sich selbst hinauszuwachsen, ist eine große Herausforderung. Nicht jeder Weg führt zum Erfolg. Man muss ausprobieren und Rückschläge ertragen. Wichtig ist, dass man neugierig auf die eigenen Möglichkeiten bleibt, ausprobiert, was weiterbringen könnte, sich konzentrieren kann. Und vor allen Dingen, dass man nicht aufgibt.

Genauso wichtig wie beim Lernen sind auch beim sportlichen Training die Pausen und ein erholsamer Schlaf. Beim Schlaf werden die immer wieder geübten Bewegungsabläufe automatisiert. Wir können sie dann ohne größere Konzentration ausführen. Oft wird uns die Bewegung gar nicht mehr bewusst.

Das Kleinhirn spielt dabei eine wichtige Rolle. Es erkennt die Bewegungsgenauigkeit und sendet notwendige Korrekturen an das Großhirn. Bewegungen wie Tanzen, Auto fahren, Schwimmen, Rad fahren oder Klavier spielen werden von ihm beobachtet. Es bemerkt Fehler und gibt uns Hinweise zur Korrektur. Sonst könnten wahrscheinlich kein Mensch den Hummelflug von Rimski-Korsakow spielen.

Im Wettkampf – mental gut drauf, und schon läuft's

Die Leistungen einzelner Sportler liegen oft so nahe beieinander, dass ein Sieg davon abhängt, ob der jeweilige Sportler sich im Wettkampf ausschließlich auf den optimalen Ablauf seiner Bewegung konzentrieren kann. Jede kleine Ablenkung kann zum Verlust des Platzes auf dem Siegertreppchen führen. Die Bewegungsabläufe seiner Sportart hat ein Sportler so oft geübt, dass sie automatisch ablaufen. In jedem Wettkampf sind aber zusätzliche Informationen zu verarbeiten. Sie müssen interpretiert, verglichen und gewichtet werden.

Im direkten Wettkampf wird er z. B. wahrnehmen: Wie schnell läuft mein Konkurrent, muss ich mehr Energie investieren oder kann ich Energie sparen, um sie in einen Endspurt einzusetzen?

Wenn er seine Übung allein ausführt, werden andere Kriterien wichtig sein, z. B. beim Speerwurf die Windrichtung und -geschwindigkeit usw.

Es stürzen aber noch viele andere Informationen auf ihn ein, z. B. das Publikum: Es ruft, schaut, klatscht. Es gibt also viele Ablenkungen, die ihn möglichst nicht beeinträchtigen sollen. Deswegen ist die Konzentration auf die notwendigen Tätigkeiten und zu bewertenden Ereignisse wichtig und ein unabdingbarer Erfolgsfaktor.

Mentales Training und das Training der Sportart sollten sich ergänzen. Deswegen empfehle ich Trainern, sich auch für den talentierten Sportnachwuchs auf Landesebene Unterstützung eines Mental-Trainers zu holen oder selbst die Technik zu erlernen. Je früher beides parallel trainiert wird, desto größer ist der Erfolg.

Übung: »Im Wettkampf«

Am wichtigsten bei den vorbereitenden Übungen sind kontinuierliche Alpha-Wellen, reduzierte Beta-Wellen und der Fokus, die Konzentration nach innen.

Schließ deine Augen und konzentrier dich ganz auf deine Atmung. Zähle jeden Atemzug. Beginne beim Einatmen mit eins, zwei ausatmen, drei einatmen, vier ausatmen … Zähle bis zehn und beginne wieder bei eins. Fühle, wie dein Körper ruhig und entspannt wird.

Jedes Geräusch, das du hörst, bringt dich noch tiefer in die Entspannung. Dein Atem ist ganz ruhig und regelmäßig, dein Pulsschlag ist ganz ruhig und regelmäßig. Gedanken, die erscheinen, halte nicht fest. Lass sie kommen und wieder gehen.

Nun geh an den Ort in dir, an dem du ganz ruhig und entspannt bist. Dieser Ort gibt dir Ruhe und Konzentration für deine anstehende Aufgabe.

Track 11
Bewusstseinsreise »Im Wettkampf«

Die besten Sportler haben zusätzlich zu ihrer außerordentlichen sportlichen Leistung noch die Eigenschaft, sich gut konzentrieren zu können. Sie schalten alles andere aus und haben nur noch ihre Abläufe im Sinn. Kein riesiges Stadion, kein Zuschauer kann sie ablenken, kein Fehler kann sie aus der Bahn werfen. Dein innerer Helfer steht bereit, dich auf diesen Weg zu bringen.

Nimm eine bequeme Sitzhaltung ein oder leg dich hin. Schließ die Augen. Atme tief ein und aus, ein und aus, ein und aus.

Stell dir deinen inneren Helfer wie einen Trainer vor. Er registriert jede deiner Bewegungen und zeigt dir, wie diese optimal für dich ablaufen. Dein innerer Trainer verhilft dir so dazu, dass dein Körper für deine Sportart total fit ist. Er tut alles, damit du gesund und leistungsfähig sein und deine Sportart für dich optimal ausführen kannst. Damit du dein Ziel im Wettkampf erreichst.

Während des Trainings unterstützt er dich, um deine Muskeln auf die richtige Art und Weise zu aktivieren und aufzubauen, so wie es für dich gesund und richtig ist. Er legt alles in dir ab, dass du deine Sportart wirklich meisterlich beherrschst.

Je näher der Wettkampf kommt, desto stärker unterstützt dein innerer Helfer deine Konzentration und zeigt dir, wie du alles ausblenden kannst, was nicht wichtig für deinen Wettkampf ist.

Du weißt, mit seiner Hilfe kannst du hundert Prozent Leistung erbringen. Du konzentrierst dich ganz auf dein Ziel, und dein innerer Helfer fokussiert dich auf die volle Leistung.

Auf diese Weise kannst du ganz natürlich deine beste Leistung erbringen. Dein körperliches Training hat alle Voraussetzungen geschaffen, und mit der Unterstützung deines inneren Helfers bist du mental so stark, dass du alles ausblendest, was stören könnte oder dich nicht zu deinem Ziel bringen würde. Diese geistige Haltung ist im Wettkampf sehr wichtig. Wirklich erfolgreiche Sportler haben die Kraft und Geschicklichkeit der Muskeln für die Abläufe ihrer Sportart *und* die mentale Stärke.

Oft werden Wettkämpfe im Kopf entschieden. Und ab sofort steht dir dein innerer Helfer jederzeit im Wettkampf zur Seite, um dich zu Höchstleistungen zu bringen. Du hast nun die Fähigkeit, über das Normale hinaus deine Leistung zu erbringen. In deinem inneren Bild siehst du dich als Sieger. Du hörst, wie die Zuschauer und deine Sportkameraden sagen: »Wie machst du das bloß? Woher kommt diese Kraft und Geschicklichkeit und vor allem diese Gelassenheit?«

Dein innerer Helfer hilft dir auf gesunde Art und Weise, deine bisherigen Grenzen zu überschreiten, dein Talent voll auszuschöpfen und zu nutzen. Nutze die Unterstützung deines inneren Helfers und bedanke dich dafür, dass er sie dir jederzeit zur Verfügung stellt.

Komm nun ganz in deinem Tempo wieder in dein Tagesbewusstsein. Atme ein paar Mal rasch ein und aus, beweg dich und öffne deine Augen.

Tipps zu »Im Wettkampf«

- Übe den Rückzug an deinen inneren Fokus-Ort so oft wie möglich.
- Schon der Gedanke an deinen inneren Fokus-Ort wird dich in eine entspannte, konzentrierte Haltung versetzen.
- Stell dir vor, du bist eingehüllt in die Ruhe deines inneren Fokus-Ortes, und die Hülle umgibt dich auch während des

Wettkampfs. Sie lässt alle Ereignisse, die für dich in dieser Wettkampfsituation wichtig sind, zu dir durch. Alles, was dich beeinträchtigen könnte, wird von der Hülle wie von einem Nebel absorbiert.

Muskelaufbau – Training im Geiste

Guang Yue von der Cleveland Clinic Foundation in Ohio hat in Studien nachgewiesen, dass allein durch Gedankenkraft Muskeln aufgebaut werden können. Schon nach vierzehn Tagen konnte z. B. beim Muskel des kleinen Fingers oder beim Bizeps ein durchschnittlicher Aufbau von 13,5 Prozent festgestellt werden und blieb auch noch drei Monate nach dem mentalen Training bestehen.

Welch wunderbare Erkenntnisse für Menschen, die sich gerade nicht ihrem Training hingeben können, weil sie z. B. erkrankt sind, sich einen Knochen gebrochen haben, sich nach Verletzungen nicht bewegen dürfen oder sich auf einer Reise befinden und keine Trainingsgeräte zur Verfügung haben. Mentales Training wäre auch eine wunderbare Waffe gegen altersbedingten Muskelabbau. Auch ältere Menschen, die aus unterschiedlichsten Gründen keinen Sport treiben können, könnten damit den Abbau ihrer Muskeln verhindern, was sicher zur Sturzprophylaxe beitragen würde.

Das funktioniert, weil die motorischen Nervenzellen durch konzentrierte Vorstellung elektrische Impulse an die Muskeln übermitteln.

Wie schnell man Muskeln abbaut, hat wahrscheinlich schon fast jeder erfahren. Muss man für vier Wochen einen Gips tragen, kann man den Unterschied zwischen dem Bein mit und ohne

Gips schon rein optisch feststellen. Die Seite, die nicht bewegt werden durfte, sieht unterentwickelt und bemitleidenswert aus. Der Muskel schrumpft nicht nur, sondern er wird – wie auch die Sehnenansätze – rasch unbeweglich.

Nach einem Unfall mit Bruch eines Lendenwirbels war ich längere Zeit in meinen Bewegungen eingeschränkt und durfte mich ganz zu Anfang überhaupt nicht bewegen. Danach musste ich zur Stabilisierung meiner Wirbelsäule ein Drei-Punkt-Korsett tragen. Mit vielen Stunden Krankengymnastik musste ich wieder erlernen, meine Muskeln und Faszien beweglich und stark zu machen.

Leider kannte ich das Training im Geiste zu der Zeit noch nicht.

Übung: »Muskelaufbau«

Wichtig für die Übung sind kontinuierliche Alpha-Wellen und reduzierte Beta-Wellen für die Konzentration. Außerdem brauchen wir eine Aktivierung des Gehirnareals zur bildhaften Vorstellung und der Gehirnareale zur Planung und Entscheidung von willentlichen Bewegungen und Muskelanspannungen.

Schließ deine Augen und entspanne deine Muskeln vom Kopf bis zu den Zehenspitzen. Scanne deine Muskeln nacheinander ab. Wo noch ein Muskel verspannt ist, lass ihn los. Atme ruhig und regelmäßig. Höre, wie dein Herz ruhig und regelmäßig schlägt.

Wenn du dich vollkommen entspannt fühlst und deine Gedanken zur Ruhe gekommen sind, leg eine Hand an deinen Hinterkopf. Hier befinden sich die Zentren für das Sehen und deine bildhafte Vorstellung. Leg deine zweite Hand auf deine Kopfmitte.

Dabei zeigt dein Handgelenk in die Richtung des einen Ohres und die Fingerspitzen zeigen in die Richtung des anderen Ohres. Dort befinden sich die Zentren für willentliche Bewegung und Muskelanspannung. Stell dir nun vor, wie die Zentren unter deiner Hand ihre Aufgaben übernehmen und dich bei deinem Training im Geiste unterstützen.

Track 12
Bewusstseinsreise »Muskelaufbau«

Allein durch die Kraft deiner Gedanken und mithilfe deines inneren Helfers kannst du deine Muskulatur gezielt aufbauen, auch wenn du gerade nicht trainieren kannst, weil du vielleicht verletzt, krank oder einfach verhindert bist.

Nimm eine bequeme Sitzhaltung ein. Schließ die Augen. Atme tief ein und aus, ein und aus, ein und aus.

Du hast dir vorgenommen, deine Muskeln zu stärken. Vielleicht möchtest du in deiner Sportart stärker oder schneller werden, oder du möchtest deine Bewegungen besser koordinieren und optimieren. Es ist egal, ob du deinen Bizeps oder deine Bauchmuskeln aufbauen, deinen Rücken oder die Muskulatur deiner Beine stärken möchtest. Stell dir den Muskel oder die Gruppe von Muskeln genau vor, die du nun aktivieren und stärken möchtest.

Nun stell dir vor, wie du diese Muskeln mit der Kraft deiner Gedanken bewegst. Denke ganz intensiv an die Bewegungen, die du in Gedanken ausführen willst. Vielleicht möchtest du auch in deiner Sportart deine Bewegungsabläufe verbessern. Stell dir genau vor, wie der Bewegungsablauf für dich optimal wäre. Dein innerer Helfer weiß nun genau, was du tun möchtest, und wird dich von nun an dabei unterstützen, deine Muskeln aufzubauen, sie zu stärken und deine Bewegungsabläufe für deinen Körper optimal einzustellen.

Beginne mit deinem Training. Dein innerer Helfer steht dir jederzeit wie ein wirklicher Trainer zur Seite. Er wird dir sagen, was du noch besser machen kannst oder wie du eine Bewegung anders ausführen solltest.

Denk an die Muskeln, die du trainieren möchtest. Stell dir vor, wie du die Muskeln anspannst und wieder entspannst. Wie du im Geist ein Gewicht hebst oder gegen einen Widerstand drückst.

Du führst die Bewegung immer wieder durch: anspannen, entspannen, heben, abstellen, drücken, loslassen. Du kannst die Muskeln auch dehnen, damit du eine bessere Beweglichkeit erreichst. Stell dir vor, wie deine imaginäre Bewegung an den Sehnenansätzen zieht.

Gib deinen Muskeln Zeit, und du wirst sehen, wie sie sich immer mehr dehnen lassen und du immer beweglicher wirst. Denke liebevoll an deine Muskeln und deinen inneren Helfer, der dir Tipps und Anregungen gibt und dich mental unterstützt wie ein richtiger Trainer.

Immer wenn du es dir wünschst, wird dein innerer Helfer dir bei den Übungen zur Seite stehen. Du kannst mit seiner Hilfe deine Muskeln ganz nach deinen Wünschen bearbeiten. Spür noch einmal in dich hinein, wie sich deine Muskeln verändert haben.

Nun kannst du in deinem Tempo wieder zurückkommen ins Hier und Jetzt. Vielleicht möchtest du dich recken und strecken und noch einmal tief und zufrieden durchatmen.

Tipps zum »Muskelaufbau«

Training im Geiste kann natürlich ein echtes Training nicht ersetzen, aber es kann unterstützen. Die Abläufe eines Trainings sich im Geiste vorzustellen kann zusätzliche Konzentration und Optimierung von Abläufen schaffen. Dieser mentale Anteil sollte auch zu jedem echten Training gehören.

Optimale Leistung – ohne Anstrengung

Jeder Körper, jedes Gelenk, jeder Muskel ist von Mensch zu Mensch unterschiedlich. Deshalb ist auch jeder Bewegungsablauf von Mensch zu Mensch unterschiedlich. Die optimalen Voraussetzungen zeigen aber weitgehende Übereinstimmung.

Manche Sportarten haben eine Vorbereitungs-, Haupt- und Endphase, in anderen Sportarten wiederholen sich gleichartige Teilbewegungen, und dann gibt es noch welche, in denen Vorbereitungs- und Endphase miteinander verschmelzen.

Z.B. wird beim Speerwurf oder Ballspiel, beim Weitsprung oder bei Turnübungen am Reck zunächst eine Ausholbewegung ausgeführt, die gegen die eigentliche Bewegungsrichtung gerichtet ist. Holt man zu weit oder nicht weit genug aus, ist das Ergebnis nicht optimal. So gibt es in jeder Phase eines Bewegungsablaufes zu einer Sportart ein optimales Moment.

Bei Spitzensportlern werden durch Videos die Abläufe gegen einen Ideallauf ausgewertet und im Anschluss optimiert.

Wenn wir unserem inneren Helfer sagen, worauf er achten soll, wird er in Zukunft beim Training auf die richtigen Bewegungsabläufe aufpassen und sie optimal im Einklang mit deinem

Körperbau umsetzen. Wie beim Wettkampf arbeiten wir hier mit einem Trainer zusammen, der alle Bewegungsabläufe und ihre optimale Durchführung kennt.

Übung: »Optimale Leistung«

Wieder brauchen wir bei den vorbereitenden Übungen die kontinuierlichen Alpha-Wellen, reduzierte Beta-Wellen und den Fokus, die Konzentration nach innen.

Setz dich bequem hin und schließ deine Augen. Atme tief und regelmäßig ein und aus. Beginne, deine Muskeln zu entspannen. Zuerst die Muskeln am Kopf, die Schulter, den Brustkorb, den Bauch, die Arme bis in die Fingerspitzen, die Beine bis in die Zehen.

Gestatte deinen Gedanken, sich ganz auf die Muskeln zu konzentrieren, die du für deine Sportart brauchst. Stell dir vor, wie die Muskeln ein harmonisches Spiel von Anspannung und Entspannung beginnen.

Spür nach, wie sich das anfühlt, und nimm dieses Gefühl mit in dein Training.

Track 13
Bewusstseinsreise »Optimale Leistung«

Tief in deinem Inneren ist die Blaupause gespeichert, wie du ohne falsche Anstrengung die optimale Leistung in deiner Sportart erbringen kannst. Mithilfe deines inneren Helfers findest du die Anleitung.

Nimm eine bequeme Sitzhaltung ein. Schließ die Augen. Atme tief ein und aus, ein und aus, ein und aus. Bleib ganz aufmerksam und entspannt wach. Bitte deinen inneren Helfer, dir zu helfen, deine beste Leistung zu erbringen. Bitte deinen inneren Helfer, die Blaupause, die Beschreibung deiner optimalen Leistung, vor deinem inneren Auge erscheinen zu lassen.

Stell dir vor deinem inneren Auge vor, wie du dich mit Leichtigkeit und ohne Anstrengung bewegst, wie jede Bewegung optimal und mit dem richtigen Krafteinsatz abläuft.

Sieh vor deinem inneren Auge, wie du aufrecht und selbstbewusst die beste Leistung in deiner Disziplin erbringst. Du kannst hören, wie ein Raunen der Bewunderung durch die Reihen der Zuschauer geht: »Eine Spitzenleistung, und mit welcher Selbstverständlichkeit und Leichtigkeit! Als wäre es angeboren.«

Fühle, wie selbstsicher und entspannt du bist. Fühle, wie dein Körper dir die nötige Kraft und Ausdauer für deine beste Leistung zur Verfügung stellt.

Dein innerer Helfer dosiert deine Kräfte so, dass dein Körper optimal und gesund auf die gewünschte Leistung eingestellt ist. Nicht zu viel und nicht zu wenig, ganz gemäß deiner Konstitution, dass du deine volle Leistung entfalten kannst, während du entspannt und gelassen bleibst.

Stell dir vor, wie angenehm das ist. Du erbringst Höchstleistungen und bist trotzdem innerlich entspannt, weil dein innerer Helfer alles gemäß deiner eigenen Blaupause optimiert. Versetze dich ganz und gar in deine Leistung hinein und erlebe sie vor deinem inneren Auge.

Denn was man sich vorstellen kann, das kann man auch erreichen. Dein innerer Helfer zeigt dir, wie du dein Ziel erreichen kannst. Lass dich von deinem inneren Helfer führen und anleiten.

Vertraue auf ihn. Du wirst sehen, wie leicht dir dann Höchstleistungen fallen. Genieße noch einen Moment dieses angenehme Gefühl, ohne Anstrengung deine optimale Leistung zu erreichen.

Dann mach dich wieder auf den Weg ins Hier und Jetzt. Recke dich und öffne deine Augen. Orientiere dich wieder in diesem Raum, in dieser Zeit.

Tipps zu »Optimale Leistung«

- Zerlege die Bewegungsabläufe, am besten zusammen mit deinem Trainer, in die einzelnen Phasen: Vorbereitungs-, Haupt- und Endphase oder wenn nötig auch in Zwischenphasen und gleichartige Teilbewegungen.
- Stell dir vor dem Training und während der einzelnen Übungen vor, wie du dich bei einer optimalen Leistung betrachtest.
- Fühle, wie sich die Muskeln optimal an- und entspannen, wie deine Gelenke sich optimal beugen oder strecken, wie Arme, Beine und Rumpf die Bewegung optimal unterstützen.
- Übe die Abfolge immer wieder vor deinem inneren Auge.

5
Wie der innere Helfer Träume Wirklichkeit werden lässt

Nur allzu oft erfahre ich in Gesprächen mit meinen Klienten oder Studenten, wie wenig Selbstvertrauen sie haben. Ganz normale Leute, die wir im täglichen Leben treffen und denen wir nicht ansehen, dass sie ein gemeinsames Problem haben: Es fehlt ihnen an der Fähigkeit, selbstbewusst aufzutreten und selbstsicher eine freie Entscheidung zu treffen.

In unserer Entwicklung haben wir alle – der eine mehr, der andere weniger – die Autorität anderer erfahren. Eltern, Lehrer, Vorgesetzte, der Ehepartner, die älteren Geschwister, die Großeltern, der Arzt ... Die Liste ließe sich beliebig weiterführen.

All diesen Beziehungen ist eines gemeinsam: Wir mussten uns beugen, ohne Widerspruch, aber mit einem Ohnmachtsgefühl. Wir haben uns untergeordnet, weil wir Anerkennung, ein Lob, irgendeine Form von Liebe erhalten wollten. Wir haben uns untergeordnet und getan, was andere wollten, um ihnen zu gefallen, für eine Gehaltserhöhung, für eine gute Note oder aus Angst vor Strafe oder anderen Konsequenzen.

Dabei haben wir uns nie wohlgefühlt. Ein Beigeschmack war immer dabei. Oft hatten wir ein Gefühl von Schwäche, Unterlegenheit, Minderwertigkeit.

Vielleicht haben wir im Stillen die Situationen durchgespielt, wie wir uns hätten widersetzen können. Und vielleicht haben wir dabei den Wunsch verspürt, eines Tages ebensolche Macht ausüben zu können. Eigenes Selbstbewusstsein und Stärke erwächst aber nicht auf der Unterdrückung anderer, sondern nur aus uns selbst heraus.

Jeder hat ein Bild von sich, eine Vorstellung von dem, was er ist: mathematisch oder handwerklich begabt, musisch, überdurchschnittlich intelligent oder … ungeschickt, dumm, unsportlich … Es gibt ein inneres Bild, das wir von uns geformt haben und lieben oder auch hassen. Dazu gibt es sicher zusätzlich ein Bild, dem wir nach außen Ausdruck verleihen wollen, das wir der Welt zeigen.

Selbst wenn wir wissen, dass wir schüchtern und sensibel sind, werden wir unseren Chefs, Kollegen oder Kunden das Bild des durchsetzungsfähigen, kühl entscheidenden und sachlichen Menschen vorspielen. Wir erschaffen uns ein »Image«, von dem wir möchten, dass es uns unverwechselbar charakterisiert, so wie wir sein möchten.

So leben wir im Widerspruch zwischen innen und außen. Wenn wir gut sind, ist diese Spannung für andere nicht sichtbar. Dennoch ist sie vorhanden und macht etwas mit uns. Wir können uns auf Dauer nicht selbst belügen, ohne Schaden zu nehmen. Unser Körper kann mit Krankheitssymptomen reagieren, wenn die Spannung in uns zu groß ist.

Nur wir selbst können wissen, wer wir sind und inwieweit unser Selbstbild von unserem Image abweicht. Nur wir selbst können diesen Unterschied erkennen, wenn wir bereit sind, schonungslos und vorurteilsfrei in uns hineinzuschauen.

Niemand kann uns sagen, was uns gefallen soll, wen wir lieben, was wir beruflich verwirklichen können, was uns interessiert. Der einzige Weg ist, sich selbst anzunehmen, wie man tief im Innern ist. Darin liegen Freiheit und Offenheit.

Der Verstand schafft die Probleme, die Seele aber ist offen und frei, wenn wir sie nur lassen.

Es ist nicht notwendig, anderen etwas zu beweisen, denn Selbstvertrauen, Selbstsicherheit, Selbstbewusstsein ist ein tiefes und elementares Wissen in uns drin. Es braucht keine Bestätigung von außen, es kann nur selbst erfahren werden und gibt ein Gefühl der Geborgenheit und Stärke.

Wenn wir das erreicht haben, brauchen wir keinen Wettstreit mit der Konkurrenz mehr, keine Anerkennung von außen. Wir werden uns einfach daran erfreuen können, wie wir selbstbestimmt durchs Leben gehen, allein aus der Erkenntnis unserer inneren Quelle.

Ich kann das – und werde es zeigen

Was nutzt es uns, wenn wir eine hervorragende Leistung erbracht, ein innovatives Produkt erfunden, einen Verein oder eine Partei gegründet haben, aber niemand erfährt davon? Was bringt uns ein toller Studienabschluss, aber im Bewerbungsgespräch können wir uns nicht »verkaufen«? Oder Verkaufsgespräche führen nicht zu dem erhofften Abschluss?

Sich oder ein Produkt verkaufen zu können, ist eine Kunst, die man erlernen kann. Wir müssen ja nicht gleich zum Verkäufer des

Jahres nominiert werden, aber einige Grundideen zu kennen ist in allen Lebenslagen von Vorteil.

Von Zeit zu Zeit begleite ich Existenzgründer auf ihrem Weg in die Selbstständigkeit. Um erfolgreich ein Geschäft zum Laufen zu bringen, muss der Gründer seine Dienstleistung und/oder sein Produkt dem Kunden verkaufen. Dazu gehört, sich selbst und seine »Ware« anbieten zu können.

Eine Dienstleistung ist dabei ein Produkt, das man nicht anfassen kann. Es gibt keinen Prototypen, der ausgestellt werden kann. Da kommt es auf eine Beschreibung an, die sich der künftige Kunde bildlich vorstellen kann. Im Coaching hat man ein Kürzel »VAKOG«, das für all unsere Sinne steht. V für visuell, A für auditiv, K für kinästhetisch, O für olfaktorisch, G für gustatorisch, also für Sehen, Hören, Fühlen, Riechen und Schmecken.

Ein junger Mann, der sich mit einem Wellnessstudio selbstständig machen wollte, fragte mich aufgrund der obigen Ausführungen: Wie kann denn eine Entspannungsmassage schmecken? Zugegeben, dafür braucht man ein bisschen Fantasie. Es kann auch gern eine Umschreibung, ein Gleichnis, eine Bildergeschichte oder eine Fabel sein. Zum Beispiel so:

»Ein alter Bär war nach der Jagd auf dem Nachhauseweg. Seine Muskeln schmerzten, sie waren von den vielen Lachsen, die er für seine Familie aus dem Wasser fischen musste, ganz hart und verspannt. Er passierte gerade ein Ladengeschäft, da kam ein Bär in seinem Alter heraus. Er sprang beschwingt die Stufen herunter und pfiff dabei ein Lied. Der alte Bär fragte ihn: »Warum hast du so gute Laune? Hast du nicht auch so hart gearbeitet wie ich? Ich habe dich doch den ganzen Tag ebenfalls im Wasser stehen sehen.« Der beschwingte Bär gab ihm die Hand, und der alte Bär fühlte seine Kraft und Geschmeidigkeit. In diesem Moment stieg ihm der Duft von Beeren und Vanille in die Nase. Er konnte geradezu auf seiner Zunge die Beeren mit Vanillesahne schmecken. Er wartete gar nicht die Antwort ab, sondern betrat das Massagestudio – das nämlich verbarg sich hinter der Ladentür – und ließ sich in die Welt der Entspannung entführen. Und die Moral von der Geschicht: Nach getaner Arbeit entspanne dich.«

Der junge Mann schaute mich verdutzt an, musste lachen und gestand mir, dass er beim Erzählen die Bilder vor Augen gehabt hätte und dass sein bester Freund Comic-Zeichner wäre. Mit dem würde er gleich reden und ein Poster entwerfen. Das Tor zu seiner Fantasie war geöffnet.

Ein weiteres Beispiel aus meiner Praxis war eine Frau, die ihren Wiedereinstig in die Arbeitswelt vorbereitete. Sie hatte sich ausführlich in ihrem alten Beruf weitergebildet und die Voraussetzungen dafür geschaffen, dass sie ihn mit den neuesten Erkenntnissen, Methoden und Techniken wieder ausführen konnte. Als letztes Hindernis wollte sie nun selbstbewusst ihr Bewerbungsgespräch meistern. Sie hatte ein bisschen Angst davor, dass ihr Gegenüber viel jünger sein könnte als sie und sie deshalb als altmodisch, nicht mehr auf der Höhe der Zeit einstufen würde. Dagegen sprachen zwar die Fakten, die sie durch ihre Weiterbildungen geschaffen hatte, aber Angst und Bedenken machen aus einem fähigen Menschen eben leicht einen schüchternen Schussel. Und Tatsache war, dass es ihr in den letzten Jahren an Praxis in ihrem Beruf mangelte.

Auch hier suchten wir gemeinsam nach Bildern und Geschichten, mit denen sie ihre Erfolgsstory zusammenbauen könnte. Als Mutter von drei Kindern fiel es ihr nicht schwer, Parallelen für ihre Bewerbung als Assistentin der Geschäftsleitung zu finden.

»Sie kann in chaotischen Situationen den Überblick behalten. Auch wenn alles durcheinandergeht, verliert sie nie den roten

Faden. Sie kann mehreren Leuten zur gleichen Zeit zuhören, Entscheidungen treffen und koordinieren. Sie fühlt, wenn es anderen nicht so gut geht, wenn sofort gehandelt werden muss. Sie erspürt die Stimmung in außergewöhnlichen Situationen und kennt Mittel, die Stimmung zu beruhigen. Sie weiß eine angenehme Atmosphäre zu schaffen, mit Kaffeeduft und süßen Naschereien.«

Vielleicht kommen dem einen oder anderen diese Lösungen etwas merkwürdig vor. Aber sie befriedigen menschliche Bedürfnisse und regen unsere bildhafte rechte Gehirnhälfte an. Die rechte Gehirnhälfte ist nicht so kritisch wie die linke und lässt die Gefühle zu, die hier erzeugt werden.

Machen wir nach der einstimmenden Übung doch gleich einen Versuch.

Übung: »Ich kann das«

Mit dieser Übung wollen wir Alpha-Wellen erzeugen und Beta-Wellen reduzieren, um ruhig und konzentriert zu sein. Außerdem wollen wir unsere Bildvorstellung aktivieren. Sehinformationen werden im Hinterkopf verarbeitet, bei willentlichen Entscheidungen ist der präfrontale Cortex hinter der Stirn beteiligt.

Leg deine rechte Hand auf deinen Hinterkopf und deine linke Hand auf deine Stirn. Schließ deine Augen und atme ruhig und regelmäßig, ein und aus, ein und aus, ein und aus.

Lausche auf alle Klänge und Geräusche.

Ertaste den Ort, an dem du dich befindest. Wie sind die Oberflächen? Nimm so viele Einzelheiten wie möglich wahr.

Rieche alle angenehmen und unangenehmen Düfte und Gerüche.

Schmecke die Luft.
Öffne nun die Augen und sieh dich um. Was nimmst du wahr?

Track 14
Bewusstseinsreise »Ich kann das«

Manchmal fällt es uns schwer, das zu zeigen, was wir können. Wir verstecken, was in uns steckt. Mithilfe deines inneren Helfers kannst du herausfinden, wie du deine Leistung der Welt zeigen kannst.

Nimm eine bequeme Sitzhaltung ein. Schließ die Augen. Atme tief ein und aus, ein und aus, ein und aus. Fühle, wie Ruhe und Gelassenheit in dir einziehen.

Versuch dir so viele Farben wie möglich vorzustellen, nicht nur die Grundfarben wie Rot, Gelb, Blau, sondern auch alle Zwischenfarben, so wie ein Regenbogen sie hat: Orange, Grün, Violett und alle Nuancen davon wie Hellblau, Türkis, Rosa, Sand, Lila und viele weitere Farben. Versuche nun die Farben so zu mischen, dass Schwarz und Weiß daraus entstehen.

Fühle den Untergrund, auf dem du gerade sitzt oder liegst. Versuche dir vorzustellen, der Untergrund wäre aus Samt oder Fell, sanft und weich.

Stell dir vor, du hörst die Geräusche in einer Kantine, das Klappern von Geschirr und Besteck. Die Menschen reden miteinander, und weiter entfernt hörst du sie lachen.

Rieche, was es dort zu essen gibt. Vielleicht kannst du einzelne Gerüche wie gebratene Kartoffeln oder Fisch und Fleisch wahrnehmen. Vielleicht streicht dir auch der Geruch von Paprika, Kraut oder Kaffee um die Nase.

Du schmeckst vielleicht das Herbe des Kaffees und die Süße von Schokolade auf deiner Zunge.

Nun gehst du den Weg zu einem Podest. Auf dem Weg dahin umarmt dich ein guter Freund herzlich und wünscht dir Glück und Erfolg. Stufe um Stufe steigst du zu dem Podest empor. Lass deinen Blick über dein Publikum schweifen und erfreu dich an ihren interessierten und freundlichen Gesichtern.

Jetzt stell dir vor, wie du das zeigst, was du kannst. Schildere deine Fähigkeiten in allen Farben. Beschreibe, wie sie sich anfühlen. Erzähle mit allen dir zur Verfügung stehenden Zwischentönen davon. Lass deine Zuhörer teilhaben an Gerüchen, die sie am besten beschreiben. Lass sie schmecken, was man schmecken kann. Lade sie mit allen Sinnen ein und umarme dein Publikum mit deinem Herzen.

Erfreu dich an deinem Publikum, erfreu dich an deinen Fähigkeiten und an der Reaktion deines Publikums. An der Anerkennung, die deine Zuhörer dir in Worten ausdrücken, an ihrem zustimmenden Nicken, an den begeisterten Gesichtern. Sieh, wie es deine Zuhörer von den Stühlen reißt, wie sie dir applaudieren. Fühle, wie die Freude in dir wächst und du dich schon auf das nächste Mal freust.

Genieße einen Moment lang noch den Erfolg deines Tuns und freu dich jetzt schon auf das nächste Mal. Nimm dieses Gefühl und dieses neue Wissen mit in deinen Alltag im Hier und Jetzt. Bewege deine Arme und Beine, atme kräftig durch, öffne die Augen und komm wieder ganz im Hier und Jetzt an.

Tipps zu »Ich kann das«

Kompetenz und Leistungswille sind die Pflicht, die Präsentation ist die Kür.

- Erkenne deine Leistung und die Stärken, in denen du besser bist als die anderen.
- Lerne deine Schwächen kennen und arbeite daran, sie auszugleichen.
- Setz dir realistische Ziele und arbeite darauf hin.
- Bleib neugierig auf das, was um dich herum passiert, und erweitere dein Wissen.
- Überarbeite deine Ziele beständig.
- Achte auf die Dinge, die dich umgeben. Zu einem gepflegten, ordentlichen Äußeren gehört auch ein gepflegtes, ordentliches Umfeld. Das betrifft z.B. deinen Schreibtisch, die Bürotasche samt Inhalt, entstaubte und gegossene Blumen im Büro und vieles mehr.
- Mach es dir zum Prinzip, hinter jedem Problem eine Herausforderung zu sehen, der du dich stellen möchtest.
- Nimm Anerkennung dankend zur Kenntnis. Lob annehmen muss auch gelernt sein.
- Nutze jede Gelegenheit, dein Können zu zeigen und – ohne zu übertreiben – darüber zu reden. Nur Übung macht den Meister.

Ich bin richtig, so wie ich bin – schaut mich an

Sich so zu akzeptieren wie man ist, ist harte Arbeit. Wir lernen durch unsere Erziehung und unser Schulsystem meist nur unsere

Fehler und Defizite kennen. Wir lernen, sie ernst zu nehmen, und bringen unser Selbstwertgefühl in Verbindung mit der Kritik an unserer Leistung oder unserer Person.

Wären wir anders erzogen worden, dann hätten wir gelernt, uns über unsere Fehler und Mängel zu freuen, denn sie sind es, die uns zu Erkenntnis und Lernerfolg führen. Kritik würde uns dann nicht schwächen, sondern stärken.

Wie schnell urteilen wir hart über uns selbst: Was hast du denn da wieder für einen Mist gemacht … Kannst du nicht besser aufpassen, du Schussel … Nun mach mal ein bisschen, viel Zeit bleibt nicht mehr … Wie siehst du nur aus … zu dick, zu dünn, zu faltig, zu alt, zu hässlich …

Das kennt wohl jeder. Wir gehen meist sehr rüde mit uns selbst um. Aber wie können wir gedeihen, wenn wir uns ständig mit negativer Energie bombardieren, wenn wir uns unsere Fehler oder Defizite nicht verzeihen können?

Stattdessen sollten wir uns liebevolle Zuwendung schenken, uns loben für die Dinge, die wir können, uns wohlwollend im Spiegel betrachten und die schönen Seiten sehen. Auch wenn ein Körperteil durch eine Verletzung oder eine Krankheit nicht funktionsfähig ist, können wir nett zu ihm sein. Wir können es loben, wenn etwas besser geht als den Tag zuvor, uns Mut machen, wenn es mal wieder schlechter wird. Wir können jeden Fortschritt feiern und zufrieden sein, wenn sich nichts verschlechtert.

Deshalb ist es viel besser, jeden Fehler, jeden Mangel mit Freude anzunehmen und die Chance zu nutzen, etwas in Zukunft besser, nicht wieder oder ganz anders zu machen.

Lernen wir uns selbst zu lieben, so wie wir sind. Ohne Liebe kann nichts blühen und wachsen, weder Kinder noch Tiere noch Pflanzen. Und schon gar nicht wir selbst.

Gerade unter den Frauen, die Rat bei mir suchen, ist der Anteil sehr groß, die mit ihrem Körper und ihrem Erfolg nicht zufrieden sind. Und merkwürdigerweise sehen die meisten Frauen zwischen Aussehen und Erfolg einen unmittelbaren Zusammenhang. Männer kommen gar nicht auf den Gedanken, dass ihr dicker Bauch oder ihre untersetzte Gestalt, ihre Falten, ihre schiefe Nase oder ihr Anzug irgendetwas mit Erfolg oder Nicht-Erfolg zu tun hätten.

Besonders erinnere ich mich an eine selbstständige Frau, die zu mir kam, um einmal richtig tief zu entspannen. Ich machte mit ihr eine Gedanken-Reise zu einem wundervollen Ort. Ich sah, wie sich ihr Körper entspannte, und ahnte, dass auch ihre Gedanken sich schönen Dingen zuwandten. Ich bat sie, sich in die Vogelperspektive zu begeben und ihren entspannten Körper von oben zu betrachten. Mit einem Schlag war sie hellwach und den Tränen nahe.

Die Erklärung für ihr Verhalten fanden wir in ihrer Jugendzeit. Ihr Vater hatte sich immer wieder über ihre dicken Oberschenkel lustig gemacht. Zugegeben, die waren ausgeprägter als bei vielen anderen Frauen. Aber niemand ist perfekt, und ihre engelgleichen Haare machten das (zumindest in meinen Augen) total wieder wett. Vielleicht hatte ihr Vater seine Bemerkungen auch gar nicht verletzend oder abwertend gemeint. Sie konnte ihn das leider nicht mehr fragen, da er relativ jung verstorben war. Aber ihr angeschlagenes Selbstwertgefühl belastete auch ihre Arbeit, weil sie ihren Kunden gehemmt gegenübertrat.

Eine andere Klientin, gertenschlank und eigentlich fast perfekt, wurde nie von ihrem Vater gelobt. Sie hörte von ihm immer nur Kritik: an ihrem Aussehen, an ihrer Leistung, an ihrem Erfolg. Obwohl sie objektiv betrachtet supererfolgreich war, eine leitende

Stelle in einem europaweiten Unternehmen innehatte, litt sie unter Problemen, eine feste Beziehung einzugehen, weil sie glaubte, sie nicht zu verdienen.

Die zarte Pflanze des Selbstwerts musste bei beiden erst wieder mit ausreichend »Wasser und Sonnenschein« aufgepäppelt werden.

Übung: »Ich bin so richtig«

Mit der vorbereitenden Übung wollen wir kontinuierliche Alpha-Wellen erzeugen, die Beta-Wellen reduzieren und die Selbstwahrnehmung aktivieren.

Schließ die Augen, atme ruhig und regelmäßig ein und aus, ein und aus, ein und aus.

Fühle dich in deinen Körper, erst deine linke Hand und nun deinen rechten Fuß. Stell dir ein Lied vor, das du sehr gern magst. Stell dir vor, wie es dein Lieblingsinterpret singt. Stell dir jeden Ton vor. Und nun hör die Worte des Liedtextes.

Zähle von zehn rückwärts bis null. Stell dir die Eingangstür vor deinem Haus vor. Denke an eine schöne Begebenheit in der letzten Zeit.

Nun stell dir vor, wie du in einer Wanne voll warmen Wassers liegst. Wie das Wasser deinen Körper umspült und wärmt, wie deine Muskeln sich entspannen.

Wenn du dich bewegst, schwappt das Wasser sanft an deinem Körper auf und nieder. Genieße diese wohlige Wärme und die Sanftheit des Wassers.

Speichere dieses wohlige Gefühl für deine Reise zu dir.

Track 15
Bewusstseinsreise »Ich bin so richtig«

Immer wieder kommen in uns Zweifel auf, ob wir so, wie wir sind, auch richtig sind. Könnte die Figur nicht schlanker oder athletischer sein? Könnten die Haare nicht voller oder seidenweicher sein? Könnten wir nicht selbstbewusster auf andere wirken? Wie du deinen Zweifeln begegnen kannst, zeigt dir dein innerer Helfer.

Nimm eine bequeme Sitzhaltung ein oder leg dich hin. Atme tief ein und aus, ein und aus, ein und aus. Verlasse mit der Kraft deines Geistes diesen Raum und betritt einen Wald: einen Wald mit lauter Laubbäumen.

Atme tief ein und nimm den besonderen Geruch des Waldes wahr. Je tiefer du in den Wald kommst, desto mehr bemerkst du, dass jeder Baum etwas Besonderes ist. Kein Baum gleicht dem anderen.

Nimm wahr, wie sich die Formen des Wuchses unterscheiden. Jeder Baum hat eine ganz spezielle Struktur der Rinde, an jedem Baum sind die Äste und Blätter unterschiedlich, die Farbe der Blätter ist einmal dunkelgrün und dann wieder heller. Im Spiel der Sonnenstrahlen und im Hauch des Windes verändert sich das Aussehen von Minute zu Minute.

Während du die Bäume genauer betrachtest, erreichst du einen ausgetretenen Pfad, der durch die Wurzeln der Bäume zu einer natürlichen Treppe geworden ist. Stufe für Stufe abwärts dringst du immer tiefer in den Wald ein und erreichst einen Platz, frei, sonnenbeschienen und geborgen, umgeben von Bäumen und Hügeln.

Schau dich auf dieser Lichtung etwas um. Vielleicht möchtest du dich im Sonnenschein oder im Schatten auf die mit Gras bewachsene Lichtung legen und ein wenig die wundervolle Natur genießen. Die Wolken ziehen über dich dahin, und du betrachtest ihre Formen. Im Wind rauschen die Blätter der Bäume. Vögel zwitschern in den Wipfeln.

Wenn du genau hinhörst, kannst du unterschiedliche Vogelstimmen unterscheiden. Rechts hinter dir ruft ein Vogel. Seine Frage wird weit vor dir von seinem Partner beantwortet. Fragen und Antworten gehen eine Zeit lang hin und her.

Langsam steigt der erdige Geruch der Lichtung in deine Nase. Es riecht nach Humus, Moos und Pilzen, nach Gras und der Rinde der Baumstämme. Wenn du dir Mühe gibst, kannst du auch den Duft der Blätter unterscheiden.

Mit dem Geruch steigt vielleicht ein Geschmack von Waldpilzen in dir auf. Vielleicht denkst du an einen schönen Tag mit einem gesunden und nahrhaften Mittagessen. Vielleicht bei deiner Großmutter.

Unter deinen Händen kannst du das warme Gras fühlen und die Weichheit des Mooses. Vielleicht krabbelt gerade ein Insekt an deiner Hand hoch, und du spürst die kleinen Füßchen, wie sie schnell über dich hinweghuschen.

Gib dich ganz den wohligen Gedanken hin, die in dir aufsteigen. Vielleicht kannst du die heilende Energie der Bäume spüren. Und je länger du hier ausruhst, desto besser kannst du die Gespräche der Natur hören.

Der Baum zu deiner Linken raunt dem Baum über deinem Kopf zu: »Kannst du sehen, wie wunderschön weich dieses Gesicht aussieht? Siehst du den lächelnden Mund?« Der Baum über dir antwortet: »Und wie hingegossen sieht dieser Mensch aus, dass ich mich darüber freue.«

Ein Vogel im Wipfel pfeift: »Wie wohlgeformt unser Mensch ist, einfach perfekt, die geraden, grazilen Beine.« Da schaut ein

Reh um den dicken Baumstamm und sagt: »Grazile Beine? Na, da muss ich erst einmal genau hinschauen. Grazile Beine habe ich. Oh, tatsächlich, dieser Mensch ist perfekt.«

Die kleine Schnecke, die gerade an deinem Bein emporkriecht, wirft ein: »Und so eine samtweiche Haut. So etwas habe ich noch nie gespürt.« Da will der Schmetterling nicht nachstehen und nascht einmal an einem Finger. Erstaunt ruft er: »Ganz süß, das hätte ich nicht erwartet.«

Das neugierige Eichhörnchen schwingt sich von Ast zu Ast, um ebenfalls einen Blick auf diesen Menschen zu ergattern. Verwundert stellt es fest, dass dieser Mensch genauso schöne Zähne hat wie es selbst.

Leise schleicht sich eine Füchsin heran und flüstert vor sich hin: »Aber solch schöne, dicke rote Haare wie ich hat dieser Mensch sicher nicht.« Erstaunt bleibt sie stehen: »Einfach wunderschön, unser Mensch!«

Alle – Bäume, Pflanzen, Tiere, Insekten – sind sich einig: Wir sollten unseren Menschen einladen, bei uns zu wohnen oder uns wenigstens so oft wie möglich die Ehre zu erweisen. So perfekt wie unser Mensch ist, kann ihn nur ein mächtiger Schöpfer erschaffen haben, so wie uns.

Verwundert und entzückt erhebst du dich von deinem Bett aus Moos. Ruf deinen Bewunderern zu, dass du sie gern wieder besuchen kommst. Und mit dem angenehmen Gefühl, dass du richtig und perfekt bist, so wie du bist, trittst du den Rückweg an. Halte dieses Gefühl ganz fest in deinem Herzen. Dein innerer Helfer wird dieses Gefühl immer dann in dein Bewusstsein aufsteigen lassen, wenn du mal wieder Zweifel an dir hast.

Nun komm langsam wieder zurück in das Hier und Jetzt. Atme kräftig und schnell aus und ein. Richte deinen Oberkörper auf und öffne deine Augen. Lasse deine Umgebung wieder in dein Bewusstsein kommen.

Tipps zu »Ich bin so richtig«

Spiel die kommenden Tage einmal Detektiv.

- Spür deine negativen Gedanken auf.
- Stell sie infrage, suche Beweise dafür und dagegen.
- Hinterfrage sie: Ist das logisch? Ist das wirklich eine Tatsache?
- Versuche, dich selbst von der positiven Gegenseite zu überzeugen.
- Mal dir den schlimmsten Fall aus und frag dich dann: Wäre das wirklich so schlimm?
- Schreib einen liebevollen, aufmunternden Liebesbrief an dich selbst. Schreib ihn mit derselben Hingabe wie an einen anderen geliebten Menschen.

Charisma – in meinem Bann

Viele von uns denken »Charisma, das haben nur auserwählte Menschen. Das ist eine Gabe, die nicht jedem in die Wiege gelegt wurde.«

Ich behaupte, dass es eine Eigenschaft ist, die jeder tief in sich verborgen finden kann. Wenn wir uns gestatten und akzeptieren, dass wir sind, wie wir sind, uns sogar lieben, wie wir sind, dann sind wir auf einem guten Weg, unser wahres, göttliches Ich zu finden.

So wie sich Charisma aus unterschiedlichen Aspekten zusammensetzt, können wir uns schulen, diese Anteile in uns zu finden und in unser alltägliches Leben einzubringen. Wichtig ist, die Anteile gut kennenzulernen, sich immer wieder vor Augen zu halten, welche für uns wichtig sind. Und dann heißt es: üben, üben, üben.

Natürlich wird der eine mehr Erfolg damit haben als ein anderer. Das ist wie beim Erlernen eines Instruments. Einer schafft es zum wahren Meister, der andere kann es nur spielen. Aber beide haben gelernt, es zu spielen.

Welche Aspekte sind für uns wichtig? Was möchten wir für uns besser herausarbeiten? Ist es die Stimme, die körperliche Ausstrahlung, oder ist es eher die Darlegung der Gedanken und Gefühle? Sind es Ruhe und Gelassenheit? Ernsthaftigkeit oder Humor?

Jeder kann das für sich herausfinden. Es braucht Zeit und den Willen, sich selbst zu beobachten, ohne zu urteilen oder zu bewerten.

Eine gestandene Geschäftsfrau war trotz ihres Erfolges überzeugt davon, dass sie überhaupt keine Ausstrahlung besaß, und wollte mit mir daran arbeiten. Schon bei der telefonischen Terminvereinbarung war ich etwas erstaunt. Ihre Stimme und die Wachheit, die ich durchs Telefon verspürte, passten nicht zu der Beschreibung, die sie von sich selbst gab. Bei der ersten persönlichen Begegnung war mir sofort klar: Diese Frau war warmherzig und verbindlich, und beides ist wichtig für eine gute Ausstrahlung. Im weiteren Gespräch fanden wir heraus, dass sie sich in manchen Situationen einfach selbst im Weg stand. Ihr Hang zum Perfektionismus machte es ihrem Selbstwertgefühl nicht leicht. Dadurch versagte sie sich, an sich selbst zu glauben. Ohne ein angemessenes Selbstwertgefühl jedoch steht die Ausstrahlung auf sehr wackligen Füßen.

Stellen wir uns vor, wir müssten vor einem großen Auditorium von Spezialisten einen Vortrag halten. Gehen wir in das Gefühl hinein, dann wissen wir, dass eine hervorragende Vorbereitung dazugehört, um die Augenhöhe zu unserem Publikum zu wahren.

Bin ich jedoch Perfektionist, dann werde ich versuchen, alle Eventualitäten zu berücksichtigen. Ich habe wahrscheinlich den Anspruch an mich, dass ich jede Frage aus dem Auditorium beantworten können muss. Ganz ehrlich, den Menschen gibt es nicht, der alles sofort weiß. Es fällt mir kein Zacken aus der Krone und es schmälert nicht meine Kompetenz, wenn ich zugebe, dass ich die Frage nicht sofort beantworten kann. Ich nehme dann die Frage auf und vereinbare einen Weg, wie ich die Antwort, die ich nachschauen werde, an den interessierten Zuhörer weitergeben kann.

Eine solche Methodik ist erlernbar, und wenn der Perfektionist zur gleichen Zeit erkennt, dass der Mangel, den er selbst empfindet, für sein Publikum gar kein Mangel ist, sondern ihn vielmehr menschlich und sympathisch macht, dann kann er sich selbst annehmen. Und dann wird sein Selbstwertgefühl nicht beeinträchtigt.

Wir sollten herausfinden, welcher Aspekt uns daran hindert, eine charismatische Persönlichkeit zu werden. Die Stimme, die Körperhaltung, die Gedanken oder die Einstellung zum Gegenüber.

Übung: »Charisma«

Vorbereitend werden wir die rechte Gehirnhälfte aktivieren und mit kontinuierlichen Alpha-Wellen und reduzierten Beta-Wellen zur Ruhe kommen. Die verstärkten Alpha-Wellen helfen uns, unsere Erkenntnisse über uns in unser Bewusstsein zu transportieren. Einsetzende Theta-Wellen werden unsere Aufmerksamkeit für unsere eigenen Empfindungen erhöhen.

Schließ deine Augen. Beim Einatmen lässt du deine Augen nach oben in Richtung deiner Stirn schauen, beim Ausatmen rollst du deine Augen nach unten. Wiederhole das dreimal.

Lass vor deinem inneren Auge einen Weg erscheinen. Betritt diesen Weg und schau dich um, was du am Wegesrand sehen kannst. Irgendwann erkennst du ein großes Tor. Ruh dich aus und konzentriere dich wieder auf deine Atmung.

Richte beim Einatmen deine Augen nach links oben, beim Ausatmen nach rechts unten. Wiederhole das dreimal.

Geh nun durch das Tor. Hinter dem Tor kannst du einen Weg erkennen, der dich zu einem Ziel bringt. Das Ziel kannst du noch nicht deutlich erkennen. Es liegt noch im Nebel. Jeder Schritt auf dem Weg bringt dich näher an dein Ziel, und der Nebel hebt sich mit jedem Schritt ein bisschen mehr.

Atme dreimal tief ein und aus und nimm das Bild des Weges in dich auf. Es hilft dir, dich zu erinnern, wie du hierherkommst.

Track 16
Bewusstseinsreise »Charisma«

Es gibt Menschen, die uns durch ihre Ausstrahlung geradezu in ihren Bann ziehen. Die Art, wie sie sich bewegen, wie sie reden, wie sie ihre Gefühle zeigen und uns mitempfinden lassen, reißt uns mit. Wir folgen ihnen, weil wir ihre natürliche Autorität spüren, weil sie in uns Emotionen wecken, die wir nicht in uns vermuteten.

Wie erstrebenswert wäre es, eine solche Ausstrahlung, ein solches Charisma mit all seinen positiven Möglichkeiten zu besitzen. Wir wären dann in der Lage, andere Menschen zu begeistern, sie zu Höchstleistungen anzustiften, ihnen als positives Vorbild voranzugehen. Gemeinsam mit deinem inneren Helfer werden wir uns nun auf die Reise zu deinem Charisma begeben.

Nimm eine bequeme Sitzhaltung ein oder leg dich hin. Atme tief ein und aus, ein und aus, ein und aus.

Charisma setzt sich aus vielen unterschiedlichen Faktoren zusammen: dem Klang der Stimme, der Körperhaltung, dem Ablauf von Bewegungen, dem Ausdruck in den Augen, der Energie, die einen Menschen umhüllt, und sogar aus kaum wahrnehmbaren Signalen wie dem Duft, den der Körper aussendet.

Alles hat eine bestimmte Bedeutung. Ebenso wie die Gedanken, die einen Menschen erfüllen, eine Wirkung auf seine Ausstrahlung haben. Seine Selbstsicherheit, sein Selbstvertrauen, die Ruhe oder Gelassenheit, der Humor oder auch der Ernst, mit denen er bestimmte Dinge angeht. Das alles strahlt Charisma aus. All das hilft seinem Besitzer, das zu erreichen, was er erreichen möchte. Es hilft ihm, seine Botschaften kraftvoll zu transportieren.

Versetze dich mit der Kraft deiner Gedanken in ein großes Theater mit einer großen Bühne. Dein innerer Helfer wird dir den Weg zu einer charismatischen Persönlichkeit bereiten.

Stell dir vor, du sitzt in der vierten Reihe. Ein Scheinwerferlicht strahlt links von dir eine Person an, die ein Abbild deines Alltagsseins ist. Die Person sieht aus wie du, ist gekleidet wie du. Sie bewegt sich wie du, sie redet wie du, sie riecht wie du. Du kannst deutlich den Ausdruck in ihrem Gesicht sehen. Du kannst ihre Unsicherheit, ihre Nervosität, ihre Schwächen wahrnehmen.

Schlüpfe für einen Moment in diese Person hinein. Spüre, wie du dich fühlst. Fühle, wie es sich in dieser Person anfühlt, auf der großen Bühne zu stehen, in ein großes Publikum zu schauen. Lass deinen Blick in die vierte Reihe zu dir selbst schweifen. Fühl genau in dich hinein.

Geh nun wieder in dein Ich in der vierten Reihe zurück. Nimm wieder die Position des Betrachters ein. Sieh, ob sich mit der Person auf der Bühne etwas verändert hat. Vielleicht kannst du einen neuen Aspekt bemerken.

Der Scheinwerfer schwenkt nun auf die rechte Seite der Bühne, und du bemerkst eine weitere Person auf der Bühne, von der du gleich weißt, das ist dein charismatisches Ich: ruhig, besonnen, aufmerksam, beobachtend, mitfühlend, nicht urteilend, klar. Du erkennst das am Gesichtsausdruck und an der Körperhaltung.

Gestatte dir, dich in diese Person hineinzubegeben. Fühle, wie sich alles, das du im Gesichtsausdruck, in der Körperhaltung gesehen hast, in dir ausbreitet. Fühle, wie Ruhe in dich einzieht. Registriere, wie deine Gedanken sich besonnen um Probleme kümmern. Erkenne, wie du ohne Bewertung beobachtest und Dinge wahrnimmst, die dir bisher entgangen sind. Fühle, wie deine Umwelt sich für dich ganz klar darstellt. Fühle, wie dein Herz mitfühlt, ohne mitzuleiden. Fühle, wie Klarheit, Empathie und Ruhe bei dir einziehen.

Wenn du willst, lass die drei Ichs ineinander verschmelzen, zu einem charismatischen Ich, das dir die Ausstrahlung verleiht, die du anstrebst und dir wünschst.

Lass dieses Gefühl eine Weile auf dich wirken. Nimm die Erfahrung, die dein innerer Helfer dir gezeigt hat, mit in das Hier und Jetzt. Atme einmal tief ein und mit einem Stoß aus. Komm zurück ins Hier und Jetzt.

Tipps zu »Charisma«

- Sieh in jeder neuen Herausforderung eine Chance, dich neu zu beweisen, und nimm sie an.
- Du kannst dir Fehler erlauben. Sie machen dich stärker, wenn du sie bewältigst. Niemand erwartet von dir, dass du alles kannst.
- Mit jeder Herausforderung, die du annimmst, wächst dein Vertrauen in dich.
- Finde heraus, was dir wichtig ist.
- Sei nett zu dir selbst. Feiere jeden kleinen Erfolg und belohne dich mit einer erholsamen Auszeit, einem kleinen Geschenk, einem guten Essen, einem guten Buch, einem Konzertbesuch oder Ähnlichem.

Wenn du deine Schwächen herausgefunden hast, verwandele sie in Stärken:

- Nimm Stimm-Unterricht und bilde deine Stimme.
- Mach Yoga, Tai-Chi, Qigong oder Ähnliches für dein Körperempfinden und deine Körperhaltung.
- Besuche ein Atemtraining, damit dir nicht die Luft wegbleibt.
- Nimm an einem Rhetorik-Seminar teil. Dort werden dir viele nützliche Moderationstechniken beigebracht.
- Such dir eine Entspannungs- oder Meditationsgruppe, um zu lernen, dich zu entspannen und dich selbst besser kennenzulernen.

Selbstbewusstsein – ich bin ich

Wie entsteht Selbstbewusstsein oder ein Mangel daran? Erziehung spielt eine große, wenn nicht die entscheidende Rolle bei der Entstehung von gesundem Selbstbewusstsein, aber auch bei der Ausprägung von Minderwertigkeitsgefühlen.

Die Grundlage wird im Elternhaus gelegt. Von großer Bedeutung sind die Erlebnisse in den ersten vier Jahren in der Schule, in der Pubertät und in den ersten Jahren der Berufstätigkeit.

Erlebt ein Kind die optimistische Einstellung der Eltern zum Leben, so beeinflusst das seine Seele positiv. Wer in einer angstfreien Atmosphäre aufwächst, übernimmt den Glauben an das Positive im Leben und vertraut in schwierigen Situationen auf einen guten Ausgang: »Es ist noch immer gutgegangen.« Optimismus gibt die Kraft, Schwierigkeiten zu überwinden und Verletzungen leichter zu verarbeiten.

Eine negative, pessimistische Einstellung dagegen raubt dem Menschen die Kraft, seine Probleme anzupacken. Der Pessimist glaubt nicht an seine Fähigkeiten und an den Erfolg seiner Pläne. Er hat keine positiven Erwartungen und bringt sich damit um die Lebensfreude. Lebensfreude gehört jedoch zu einem ausgeprägten Selbstbewusstsein.

Wenn wir mit Neugier eine Aufgabe angehen, mit einer positiven Erwartung auf die Lösung hoffen und darauf vertrauen, dass wir die Aufgabe bewältigen können, werden wir wahrscheinlich zu einem positiven Ergebnis kommen. Wie in einer Aufwärtsspirale führt die Lösung der Aufgabe zu mehr Selbstbewusstsein, was wiederum die Neugier und die Lust auf weitere Aufgaben anheizt.

Gehen wir dagegen mit negativer Erwartungshaltung und Angst an neue Aufgaben heran oder haben Selbstzweifel, ob wir die Aufgabe bewältigen können, dann ist die Situation belastend, und wir versuchen, sie möglichst zu vermeiden. So werden wir die Aufgabe sicher nicht lösen. Und das führt zu noch mehr Angst und negativer Haltung. Es kann dann passieren, dass sich folgende oder ähnliche Sätze in uns festsetzen:

Das war mein Fehler.
Ich bin nicht gut genug.
Es wird nicht gutgehen.
Da kann ich nichts machen.

Diese blockierenden Glaubenssätze in uns müssen wir erst wieder auflösen. Mit jeder gelösten inneren Blockade haben wir Zugriff und Zugang zu unserem inneren Potenzial. Wenn wir wieder wie ein Kind neugierig auf das Leben und seine Aufgaben zugehen, stärken wir unser Selbstvertrauen. Mit jedem Erfolg wächst das gute Selbstgefühl. Und aus Fehlern lernen wir. Jeder Misserfolg macht uns schlauer für das nächste Mal.

Eine Projektmanagerin mit viel Kundenkontakt und Auslandserfahrung machte an einem privaten Institut eine Ausbildung zum Business-Coach. Sie wollte ihre Kompetenz erweitern, um nach ihrer Elternzeit wieder erfolgreich ins Arbeitsleben zurückzukehren. Die Ausbildung schloss mit einem instituteigenen Zertifikat ab. Dazu musste eine Prüfung mit einem Show-Coaching absolviert werden. Diese Prüfung bestand meine Klientin nicht, und sie sollte nun nicht nur die Prüfung, sondern auch Teile der Ausbildung wiederholen.

Meine Klientin war niedergeschlagen und gleichzeitig aufgebracht, denn die zusätzlichen Kosten waren nicht unbeträchtlich. Nach einem längeren Gespräch vereinbarten wir, ihr Selbstbewusstsein zu stärken, das zurzeit einfach am Boden lag. Nicht ihr Wissen und ihr Umgang mit Menschen waren der Grund für ihr Versagen, sondern die Art und Weise, wie sie von der Leiterin der Schule vorgeführt worden war. Meiner Empfehlung, das Institut zu wechseln oder der Leiterin deutlich entgegenzutreten, wollte sie nicht folgen. Sie wollte unbedingt von diesem Institut ein Zertifikat.

Neben Haltungs- und Entspannungsübungen unternahm sie unter meiner Anleitung eine Reise zur Quelle ihrer Kraft. Dabei lösten sich Blockaden, die sie in ihrem Leben aufgebaut hatte. Glaubenssätze wurden infrage und in ein positives Licht gestellt. Verletzungen konnte sie richtig einordnen und loslassen. Dabei kamen u.a. »Blockaden lösen«, »Steigerung der Gedächtnisleistung«, »Lampenfieber«, »Ich kann das« und die folgende Bewusstseinsreise »Selbstbewusstsein« zum Einsatz.

Das war nicht in einer einzigen Sitzung zu erreichen. Aber nach fünf Sitzungen erreichten wir ein Ergebnis, das sie zufriedenstellte. Gestärkt stellte sie sich der erneuten Prüfung. Sie arbeitet heute erfolgreich als selbstständiger Business-Coach.

Übung: »Selbstbewusstsein«

Selbstbewusstsein hat viel mit Selbstverständnis und positivem Denken zu tun. Dazu werden wir in der Übung Ruhe in uns einkehren lassen mit kontinuierlichen Alpha-Wellen und reduzierten Beta-Wellen. Wir werden uns verstärkt in die heilende, positive Welt der Theta-Wellen einklinken, die unsere Erinnerungen mit neuen Gefühlen, Eindrücken und Bilder versehen kann.

Schließ deine Augen und konzentrier dich auf deinen Atem. Zähl deine Atemzüge, eins beim Einatmen, zwei beim Ausatmen usw. bis zehn. Beginne dann deine Zählung wieder bei eins. Wiederhole das dreimal. Achte darauf, wie dein Pulsschlag sich beruhigt. Konzentriere dich auf einen Punkt zwei Finger breit unter deinem Bauchnabel. Die Konzentration auf diesen Punkt hilft dir, dich zu entspannen und ruhig zu werden. Zur gleichen Zeit öffnet sich dein Unterbewusstsein, um alles in sich aufzunehmen.

Achte nun wieder auf deinen Atem.

Richte beim Einatmen deine Augen nach rechts oben, beim Ausatmen nach links unten. Wiederhole das dreimal.

Stell dir vor, du stehst an der obersten Stufe einer langen Treppe. Geh nun langsam Stufe für Stufe diese Treppe herab. Unten angekommen bist du ruhig, entspannt und aufnahmefähig wie ein trockener Schwamm. Dieses Gefühl nimmst du mit auf die Reise zu deinem Selbstbewusstsein, zur Quelle deiner Kraft. Du musst in Zukunft nur an diese hohe Treppe denken, um entspannt und konzentriert zu sein.

Track 17
Bewusstseinsreise »Selbstbewusstsein«

Seit deiner Geburt sprudelt die Quelle deiner ureigenen Kraft in dir. Sie stärkt dein Vertrauen. Sie schenkt dir Lebenslust, Selbstachtung und Mut. Ereignisse und Situationen in deinem Lebenslauf haben diese Quelle vielleicht verschüttet oder sie musste sich einen unterirdischen Weg suchen. In Begleitung deines inneren Helfers werden wir uns auf den Weg zum Ursprung deiner Lebensquelle machen.

Nimm eine bequeme Sitzhaltung ein. Atme dreimal tief durch, ein und aus, ein und aus, ein und aus. Schließ deine Augen. Lass uns gemeinsam überlegen: Was ist Selbstbewusstsein für dich?

Ist es, zu tun, was man tun möchte? Zu sagen, was man denkt, ohne andere zu verletzen? Sich sicher, entspannt und wohl zu fühlen? Frei von den Beurteilungen anderer zu sein? Sich Fehler und Misserfolge zu erlauben? Sich nicht darum zu kümmern, was andere von einem denken? An sich selbst zu glauben? Nicht zu denken, dass es immer andere gibt, die besser sind als man selbst? Sich Ziele zu setzen, die man auch erreichen kann? Sich selbst zu genügen und nicht anderen? Den Mut zu haben, das zu erreichen, was man will? Mit sich selbst zufrieden zu sein? Selbstachtung zu haben? Dinge zu erledigen, so gut man kann? Alleinsein zu genießen?

Selbstbewusstsein hat viele Facetten. Es entscheidet in vielen Situationen über das Verhalten und ist entscheidend für den persönlichen Erfolg.

Tief in dir sprudelt der Quell, der dein Selbstbewusstsein speist. Dein innerer Helfer wird dich dahin führen und dir auf dem Weg dorthin Dinge zeigen, die dein Selbstbewusstsein stärken.

Vielleicht werden auch Erinnerungen an Situationen und Erlebnisse auftauchen, die deinem Selbstbewusstsein geschadet haben. Dein innerer Helfer wird diese Blockaden auflösen, die dich bisher davon abgehalten haben, dich so zu verhalten und zu fühlen, wie du es dir wünschst.

Es kann sein, dass aus der Vergangenheit Erinnerungen in dir aufsteigen, die in Zukunft anders sein werden, je mehr Blockaden dein innerer Helfer beseitigt. Erinnerungen aus deiner Kindheit, aus deiner Jugend, aus der Gegenwart. Und vielleicht spürst du schon, wie du ähnliche Situationen in Zukunft mit Neugier,

Freude, mehr innerer Kraft, mehr Ausstrahlung und mehr Selbstbewusstsein erleben wirst. Vielleicht spürst du die Metamorphose, die Veränderung, die mit dir geschieht, je näher dich dein innerer Helfer zur Quelle deiner Lebenskraft bringt.

Spüre, wie du Schritt für Schritt deinem Ursprungsich immer näher und immer ähnlicher wirst. Spüre, wie dein Selbstbewusstsein immer stärker und stärker wird und du dich immer wohler fühlst.

Die Quelle in dir trägt dieses Potenzial in sich und aktiviert es für dich. Dein innerer Helfer hält dir den Spiegel der Zukunft vor, damit du dich darin betrachten kannst. Sieh dir selbst zu, wie du aufrecht und voll innerer Sicherheit durchs Leben gehen wirst. Sieh dein Lächeln und deine Körperhaltung. Die Ruhe und Gelassenheit, die du empfindest, strahlen aus deinen Augen. Stell dir all die zukünftigen Momente des Glücks vor, die vor dir liegen. Genieße diese positive Veränderung.

Diese Veränderung vollzieht sich bereits in dir, und wenn du gleich wieder die Augen öffnest und im Hier und Jetzt bist, dann wirst du vielleicht spüren, dass sich schon etwas in dir und deiner Einstellung geändert hat. Dieses Gefühl wird von Tag zu Tag immer deutlicher und immer stärker. Dein innerer Helfer wird dich beim leisesten Zweifel sofort wieder zu deiner Quelle führen, an der du wieder auftanken kannst.

Kehre mit dieser inneren Gewissheit zurück in das Hier und Jetzt, in die Gegenwart. Erfreue dich an den neuen Erkenntnissen und probier deine neue Kraft aus. Lass den optimistischen Gedanken in dir einen weiten Raum. Öffne deine Augen, und du bist wieder ganz wach.

Tipps zu »Selbstbewusstsein«

Optimistische Gedanken sind genauso ansteckend wie pessimistische. Deshalb:

- Lass dich von positiven Mitmenschen anstecken. Schau dir die Menschen, mit denen du dich umgibst, gut an. Halte Ausschau nach denen, die sich selbst leiden können, die dir mit aufgeschlossener, optimistischer Freundlichkeit begegnen.
- Versuche den Kontakt mit pessimistischen Zeitgenossen zu vermeiden.
- Lass dich von Optimisten mitreißen. Vielleicht verleihen sie dir ja Flügel.

Frage dich:

- Warum erwartest du Verständnis und Liebe von anderen und nicht von dir selbst?
- Warum vertraust du der Meinung und den Aussagen anderer mehr als deinen eigenen?
- Warum glaubst du, dass du dein Leben nur mithilfe anderer meistern und bewältigen kannst?
- Warum suchst du die Antworten auf wichtige Fragen deines Lebens lieber anderswo und nicht in dir selbst?

Sag dir:

- Ich warte nicht darauf, dass andere mich lieben und anerkennen, sondern fange an, mich selbst zu mögen.
- Je besser ich mich leiden kann, desto weniger bin ich auf das Wohlwollen anderer angewiesen.

Zugang zur Intuition – mein siebter Sinn

Wir nehmen unsere Umwelt mit unseren Augen, Ohren, dem Tast-, Geschmacks- und Geruchssinn wahr.

Unsere Augen schicken mindestens zehn Millionen Bits in der Sekunde an das Gehirn, die Haut etwa eine Million, die Ohren 100 000, der Geruchssinn weitere 100 000 und der Geschmackssinn nochmal 1000 Bits – also mehr als elf Millionen Bits, die Sekunde für Sekunde in unserem Gehirn eintreffen.

Unser bewusster Verstand bewältigt aber maximal 50 Bits pro Sekunde. Nur ein winziger Bruchteil der erfassten Informationen schafft es bis in unser Bewusstsein. Hirnforscher schätzen, dass uns weniger als 0,1 Prozent dessen, was das Gehirn tut, aktuell bewusst werden.

Das gibt uns einen Eindruck von dem gewaltigen Kapazitätsunterschied zwischen dem Unbewussten (= Wahrnehmung aller Informationen) und dem bewussten Verstand (= unsere persönliche Realität).

Was wir durch unsere Sinne wahrnehmen, wird gefiltert und bewertet. Es wird nur das durchgelassen, was für uns wichtig ist und in unsere Welt passt. Wir formen uns unsere Wirklichkeit, geprägt durch soziale, kulturelle und individuelle Filter. Pippi Langstrumpf hat also ein bisschen recht, wenn sie singt: »Ich mach mir die Welt, wie sie mir gefällt.«

Dieser Ablauf ist einerseits überlebenswichtig – wir müssen die Menge des für uns physisch Wahrnehmbaren strukturieren und reduzieren, weil die Menge uns sonst erschlägt –, andererseits macht uns dieser Ablauf zu Halbwissenden.

Aber was passiert mit all den Informationen? Sind sie für immer und ewig verloren? Oder haben wir die Möglichkeit, darauf zuzugreifen?

Jeder von uns kennt bestimmte Bewusstseinszustände, in denen wir Dinge wissen und uns fragen, woher. Wenn z.B. durch Alkohol oder andere Drogen unser innerer »Johnny Controlletti« (wie Udo Lindenberg singt), der alles unter Kontrolle hat, ausgeschaltet oder wenigstens schlafen gegangen ist, erkennen wir Dinge, deren Wichtigkeit unser Verstand bis dahin verworfen hätte. Trance, Hypnose oder Meditation können Ähnliches bewirken. Die forensische Hypnose macht sich dies bei Zeugenbefragungen zunutze, um Details zu erfragen. (Das ist in Deutschland aber nur unter besonderen Regelungen erlaubt.)

Ich habe einen Freund, der gern mit dem Motorrad unterwegs ist. Er behauptet immer, dass ein kleiner Freund mitfährt, der ihn rechtzeitig vor brenzligen Situationen warnt. Und ich verspreche, er ist kein Spinner, sondern Zahnarzt.

Intuition lässt uns ein bisschen in die Zukunft schauen.

Fahren wir mit dem Auto auf einer dicht zugeparkten Straße und sehen aus dem Augenwinkel etwas Buntes zwischen den Autos, werden wir, bevor der Verstand erfasst, um was es sich handeln könnte, auf der Bremse stehen … und schon kommt ein Kind hinter seinem Ball gelaufen.

Mancher möchte nun meinen, dass ist nicht Intuition, sondern Erfahrung. Dann will ich von einem anderen Experiment berichten. Den Teilnehmern dieses Experimentes wurden Fotos gezeigt. Unter diesen Fotos befanden sich auch schreckliche Bilder von Unfällen und Kriegen. Während die Teilnehmer die Bilder anschauten, wurden der Blutdruck, die Herzfrequenz und die Hautfeuchte gemessen. Bei den schrecklichen Bildern gingen die

Werte erwartungsgemäß in die Höhe. Dann aber passierte etwas Überraschendes. Bevor den Teilnehmern wieder ein erschütterndes Bild gezeigt wurde, reagierte deren Körper bereits mit den Stresssymptomen. Bei harmlosen Bildern war eine solche Reaktion nicht zu verzeichnen.

Der Körper, nein, eigentlich das Gehirn, sagte also die Zukunft voraus. Nur das Gehirn kann solche Reaktionen auslösen. Und unser Denken lässt sich von den Gefühlen nicht trennen.

Um unsere Intuition oder unseren unbewussten Anteil zu schulen, sind unterschiedliche Techniken geeignet: Meditation, Bewusstseinsreisen, auch die Hypnose. Um unseren Gefühlen nachzuforschen, ist Selbstbeobachtung ein wirksamer Weg. Achten wir darauf, was wir in bestimmten Situationen fühlen, worauf es uns ankommt, welche Emotionen uns bewegen. Lassen wir alle Teile unseres Selbst bei wichtigen Entscheidungen mitreden. Verlassen wir uns nicht ausschließlich auf unseren bewussten Verstand, er ist nur ein kleiner Teil unserer gesamten Persönlichkeit. Hören wir auch auf unsere Fantasie, auf Intuition und Gefühle.

»Lerne denken mit dem Herzen und lerne fühlen mit dem Geist.«

(Theodor Fontane)

Als ich mich vor einigen Jahren entschieden habe, meine gut dotierte Arbeitsstelle zu verlassen, um mich selbstständig den Themen zu widmen, die mir am Herzen liegen, habe ich dazu nur wenige Minuten gebraucht. Ich hatte eine paar Tage vorher einen beeindruckenden Bericht in einer Talkshow gesehen: »Wie der Bauch dem Kopf beim Denken hilft« mit Bas Kast. Daraufhin habe ich mich mutig auf mein Bauchgefühl verlassen. Und ich habe diese Entscheidung noch nicht einen Tag bereut.

Übung: »Intuition«

Vorbereitend wollen wir unsere Alpha-Wellen verstärkt und kontinuierlich fließen lassen. Die Beta-Wellen werden reduziert, Theta- und Deltawellen werden vermehrt eingesetzt.

Schließ deine Augen und konzentriere dich ganz auf deine Atmung. Atme ruhig ein und aus. Entspanne dich, bis du das Gefühl hast, etwas in dir ruft dich.

Du folgst diesem Ruf und gehst Stufen hinunter, durch einen langen, engen Flur. Der Weg durch den Flur ändert von Zeit zu Zeit seine Richtung. Und du gehst immer weiter hinunter, Stufe für Stufe.

Den Flur entlang reiht sich Tür an Tür. Du gehst durch einen Torbogen und wieder eine Stufe hinunter. Irgendetwas tief unten lockt dich weiter. Bis du an einem mystischen Platz angekommen bist. Du weißt, das ist das Ende deines Weges. Das ist der Platz, nach dem du gesucht hast. Er ist wichtig für dich.

Finde heraus, warum er so wichtig für dich ist und was du dort lernen kannst.

Track 18
Bewusstseinsreise »Intuition«

Sicher kennst du das Gefühl, dass du von hinten beobachtet wirst? Oder du weißt manchmal ganz genau, dass dein Gegenüber dich gerade anlügt? Oder du spürst, dass die Leute in dem Raum, den du gerade betrittst, miteinander Streit hatten? Deine Antennen oder dein siebter Sinn sind auf die wichtigen Zwischentöne, Bilder, Gerüche, Strukturen ausgerichtet. Mit der Anleitung deines inneren Helfers kannst du sie noch besser einsetzen und davon profitieren.

Nimm eine bequeme Sitzhaltung ein. Atme dreimal tief durch, ein und aus, ein und aus, ein und aus. Schließ deine Augen. Begib dich von deinem inneren Helfer begleitet an den Ort tief in dir, an dem alle Gedanken, alle Geräusche unwichtig werden. Konzentriere dich ganz auf deine Ruhe und deine innere Wahrnehmung. Lass uns deine Sinne schärfen für die Signale, die du von nun an empfangen möchtest. Diese Signale können sehr unterschiedlich sein: manchmal ganz sanft, manchmal sehr deutlich. Mach dich bereit für die kleinsten Zeichen.

Dein innerer Helfer führt dich an einen Ort, der von Licht durchflutet ist. Das Licht ist so hell, dass du keine Grenzen ausmachen kannst, keine Wände, keine Decke, keinen Boden. Das Licht umgibt dich und hüllt dich ein. Du fühlst dich geborgen und trotzdem grenzenlos.

Du stehst auf sicherem Boden, und trotzdem ist alles raumlos. Das Licht erscheint dir weiß, und doch enthält es alle Farben. Es ist ein Regenbogenweiß. Und wenn du genau hinsiehst und hinspürst, bemerkst du, dass das Licht pure Energie ist. Eine Energie, die alles Wissen umfasst, die kraftvoll und weich, hart und sanft ist. Lass dich von dieser Energie durchfließen. Lass die Energie deinen ganzen Körper erfüllen.

Fühle, wie die Energie etwas in dir bewirkt. Vielleicht löst sie Gefühle in dir aus. Gut oder schlecht, warm oder kalt, Liebe oder Abneigung, Sicherheit oder Furcht, Heimat oder Ferne, Weite oder Nähe, Vergangenheit oder Zukunft, zurück oder vorwärts?

Die Energie zeigt dir alles Wissen, das in dir verborgen ist und das du begleitet von deinem inneren Helfer gefunden hast. Nun liegt es vor dir, und du kannst es nutzen, um noch besser zu verstehen, was in dir, um dich, in anderen Menschen, deiner Umwelt abläuft. Mit diesem Wissen hast du Zugang zu deinem siebten Sinn. Jetzt ist dieses Tor geöffnet.

Genieße noch eine Weile diese dich umschließende Energie und sauge das Wissen in dir auf. Dein innerer Helfer wird dich jederzeit wieder an diesen Ort führen. Du hast Zugang zu einem allumfassenden Wissen.

Wenn du gleich wieder die Augen öffnest, bleibt dieses Tor geöffnet. Nur wenn du es willst, wird es geschlossen. Öffne deine Augen, und du bist wieder vollkommen in deinem Wachbewusstsein.

Tipps zu »Intuition«

Übe immer wieder an unterschiedlichen Orten mit geschlossenen Augen.

- Lausche auf alle Geräusche.
- Ertaste den Ort, an dem du dich befindest. Wie sind die Oberflächen?
- Rieche alle angenehmen und unangenehmen Düfte und Gerüche.
- Schmecke die Luft.
- Öffne dann die Augen und sieh dich um.

Übe anschließend erneut mit einer anderen Technik.

- Schließ die Augen und lenke deine Aufmerksamkeit auf die Zone zwischen deinen Augenbrauen. Welche Bilder empfängst du?
- Schließ die Augen und lenke deine Aufmerksamkeit auf den Bereich leicht oberhalb deiner Ohren. Lausche deiner inneren Melodie.

- Schließ die Augen und lenke deine Aufmerksamkeit auf den Bereich zwei Finger breit unterhalb deines Bauchnabels. Was fühlst du?
- Schließe deine Augen und lenke deine Aufmerksamkeit auf die höchste Stelle deines Scheitels. Atme tief ein und in drei Atemstößen aus. Dabei zählst du bis drei. Was kommt dir beim letzten Ausatmen in den Sinn?

Du wirst sehen, deine Wahrnehmung und Intuition wird sich mit jeder Übung verfeinern.

6
Mit dem inneren Helfer in eine bessere Welt

Nach der Befriedigung der Grundbedürfnisse wie Essen, Trinken, Schlafen und Fortpflanzung und dem Bedürfnis zur Sicherung unserer Existenz (so erklärt der amerikanische Psychologe Abraham Maslow), entsteht in uns das Bedürfnis nach sozialen Kontakten, Ansehen und Selbstverwirklichung. Wir möchten herausfinden, wer wir sind und warum wir leben.

Der Trainer und Berater im Bereich des Neuro-Linguistischen Programmierens (NLP) Robert Dilts hinterfragt die drei Ebenen – soziale Kontakte, Ansehen und Selbstverwirklichung – genauer, z.B. so:

- Warum tue ich das alles?
- Warum soll man das tun?
- Was motiviert mich?
- Wie sehen die anderen mich und wie sehe ich mich selbst?
- Wo stehe ich in dieser Welt?
- Was ist meine Aufgabe im Leben?
- Bin ich Teil von etwas Höherem?

Irgendwo tief in uns Menschen verborgen sitzt eine Sehnsucht nach Werten, nach Gemeinschaft, nach Überschreitung des Alltäglichen und nach einem höheren Sinn.

Uns ist es wichtig, zu irgendetwas zugehörig zu sein. Wir fühlen uns in einer Gruppe von Gleichgesinnten wohl. Gleichzeitig brauchen wir Mitmenschen, um uns selbst wahrzunehmen und gegen andere abzugrenzen. Wir würden gern erfahren, ob unser Leben im großen Weltgefüge eine Rolle spielt. Sind wir für das große Ganze wichtig? Gibt es etwas, das über unsere Erfahrungswelt hinausreicht?

Die Sehnsucht nach dem Göttlichen in uns, in der Natur, in allem, was uns umgibt, gehört seit jeher zu unserem Denken. Wer diese Sehnsucht begreifen möchte, muss lernen, sich des einzelnen Augenblicks bewusst zu sein.

Wo können wir tiefe Wurzeln entwickeln, wo liegt die Quelle für Wünsche, Hoffnung, Gemeinschaft und Gelassenheit? Was kann uns davor behüten, nur Spielball von Modeerscheinungen, Trends, Meinungen, Ängsten zu sein, die den Sinn unseres Lebens überdecken?

Spiritualität kann Halt und Orientierung geben, kann unserem Denken und Handeln eine andere Gewichtung geben. Dieser Prozess braucht Zeit, und wir müssen sie uns nehmen. Vielleicht sieht das Ergebnis ganz anders aus, als wir es uns heute vorstellen.

Nach langer Suche werden wir still und staunend vor unserer Erkenntnis stehen, auf dem Weg in eine bessere Welt. Eine Welt des Einsseins mit der Natur, den Lebewesen, der Umwelt. Eine Welt voller gegenseitiger Anerkennung, voller Mitgefühl und Liebe.

Leben – nicht ohne meine Wünsche

Wünsche hat wohl jeder. Sie können klein oder groß sein. Manchmal ist es nur ein kleiner Schritt, den man sich einfach zutrauen und machen muss. Manchmal kann es aber auch eine komplette Veränderung einer Lebenssituation sein.

Es gibt Wünsche, von denen wir wissen, dass sie nicht (oder noch nicht) erfüllbar sind. Sie gehören ins Reich der Träume oder verlangen Geduld. Wenn ein junges Mädchen unbedingt Flugbegleiterin werden will, obwohl es gerade einen Meter fünfzig groß ist, wird es scheitern, weil die Sicherheitsbestimmungen eine Mindestgröße von einem Meter sechzig vorschreiben. Dann ist das ein unerfüllbarer Traum. Wenn ein Dreißigjähriger davon träumt, Präsident der Bundesrepublik Deutschland zu werden, muss er sich noch zehn Jahre gedulden, weil dieses Amt ein Mindestalter von vierzig Jahren voraussetzt. Also hat er einen Traum, den er langfristig anstreben kann.

Auf jeden Fall bedeuten Wünsche, dass wir etwas verändern wollen. Und eine Veränderung sollte gut geplant und gründlich geprüft werden. Dann gibt es noch ein paar Voraussetzungen, die ein Wunsch erfüllen sollte.

Zu Beginn steht die Motivation für unseren Wunsch. Warum wünsche ich mir das?

Nehmen wir an, wir streben eine Beförderung im Berufsleben an. Unsere Motivation dahinter ist wahrscheinlich (unter anderem), mehr eigenen Handlungsspielraum, mehr Geld und höheres Ansehen zu bekommen. In uns entsteht eine Vorstellung, wie unser Ziel aussehen könnte: Im nächsten Jahr möchte ich

Vertriebsleiter für den Bereich B werden. Ich möchte 30 Prozent mehr verdienen und ein Firmenauto mit einem Stern auf dem Kühler fahren.

Im nächsten Schritt geht es daran, genau zu planen, wie wir das Ziel erreichen werden. Dazu schreiben wir möglichst genau auf, was getan werden muss.

- Ich werde zusätzliche Aufgaben übernehmen.
- Ich werde dem Chef meine Vorschläge zur Umsatzsteigerung vorstellen.
- Durch Überzeugungsarbeit werde ich einen Teil meiner Kollegen motivieren, die von mir gesteckten Ziele zu unterstützen.
- Ich werde die Ergebnisse für eine Präsentation aufbereiten und unter Nennung aller Beteiligten unseren Erfolg vortragen.
- Dann werde ich meinem Chef die Vorteile für ihn und die Firma beschreiben, wenn er meine Beförderung befürwortet.
- Im letzten Schritt werden wir mit den Kollegen das Ergebnis feiern und weiter darauf aufbauen.

Hört sich gut an, kann aber nur funktionieren, wenn wir noch einige Voraussetzungen berücksichtigen.

Natürlich müssen wir zunächst alle fachlichen Kompetenzen besitzen oder bereit sein, sie zu erlernen. Und wir brauchen Anregungen von außen: Schauen wir uns um, wie andere, die ein ähnliches Ziel schon geschafft haben, es in die Tat umgesetzt haben.

Wichtig ist es, das Ziel so genau wie möglich zu formulieren. Das Ziel sollte positiv formuliert sein, um unterstützende Gedanken und Bilder in uns aufsteigen zu lassen. Wenn man mit dem Rauchen aufhören möchte, könnte ein Ziel sein: »Ich freue mich darauf, mit jedem Atemzug frische Luft in meine Lungen zu bekommen«, anstatt: »Ich will nicht mehr rauchen.«

Außerdem sollten wir einige Fragen abklären. Ist das Ziel auch das *eigentliche* Ziel? Oft verbergen sich hinter realen Zielen abstrakte emotionale Konzepte wie Selbstständigkeit, Selbstverwirklichung, Freiheit, Liebe, Gesundheit und vieles mehr. Hinter der angestrebten Selbstständigkeit kann sich auch einfach die Angst verbergen, keinen neuen Arbeitsplatz zu finden. Selbstverwirklichung steht vielleicht stellvertretend für Unzufriedenheit mit dem Partner. Freiheit kann den Wunsch nach Selbstbestimmung kundtun. Liebe ist vielleicht der Wunsch nach mehr Beachtung. Und Gesundheit, was bedeutet das für mich? Ist es der Wunsch, ohne Schmerzen zu sein? Oder einfach gesünder zu essen, sich mehr zu bewegen?

Geht es zum Beispiel bei dem Wunsch nach Selbstständigkeit um mehr Handlungsspielraum und Ansehen? Dann muss die Frage erlaubt sein, ob wir diese Ziele nicht auch auf einem anderen Weg erreichen können. Ein neuer Job mit neuem Umfeld erfüllt den Wunsch eventuell genauso gut, ohne die Risiken, die eine Selbstständigkeit mit sich bringen kann.

Ist das Ziel als solches für uns attraktiv oder streben wir es aus Fremdmotivation an? Wollen wir selbst abnehmen oder wollen wir vor allem für unseren Partner attraktiver sein?

Außerdem sollten wir uns fragen, ob unser Ziel aus eigener Kraft erreichbar ist. Ist das Ziel messbar, konkret, zeitlich strukturiert? Mit anderen Worten: Ist das Ziel planbar und kontrollierbar?

Wir sollten uns aber auch überlegen: Was macht das Ziel mit uns, wenn wir es erreichen? Was wird sich für uns selbst verändern? Was ändert sich für unsere Umwelt, Familie, Freunde und so weiter? Wollen wir diese Folgen in Kauf nehmen und können wir mit ihnen umgehen?

Wenn wir all diese Fragen zu unserer Zufriedenheit beantwortet haben, sollte uns nichts mehr im Weg stehen, unser Ziel zu erreichen.

Übung: »Wünsche«

Für die Reise zu unseren Wünschen wollen wir vorbereitend unsere Alpha-Wellen verstärken und kontinuierlich fließen lassen. Die Beta-Wellen werden reduziert, und Theta- und Deltawellen werden vermehrt eingesetzt.

Entspanne dich und beruhige deinen Geist. Halte deine Gedanken nicht fest, lass sie ziehen wie Wolken am Himmel. Fühle, wie dich eine sanfte Wärme umgibt. Und fühle, wie du mit jedem Atemzug tiefer in einen angenehmen Schwebezustand fällst. Wie in einem wunderbaren Traum sinkst du immer tiefer und tiefer. Wärme und Weichheit umgeben dich. Du fühlst dich entspannt und rundum wohl.

Im schwebenden Fallen siehst du unter dir einen Kreis. Du näherst dich diesem Kreis, und du weißt jetzt, das ist dein Kreis der Kreativität. Du weißt, wenn du dich in diesem Kreis befindest, kannst du alle Probleme in Lösungen verwandeln.

Du kommst in der Mitte des Kreises zum Liegen, in der Mitte deines Kreises der Kreativität.

Während du in diesem Kreis liegst, kommen dir Vorstellungen, Bilder, Wörter, Berührungen und das Wissen, *dass du weißt.* Du weißt, was zu tun ist. Du verstehst, was möglich ist. *Du weißt, dass du weißt.* Dieses Gefühl nimmst du tief in deinem Inneren mit auf die Reise zu deinen Wünschen.

Track 19
Bewusstseinsreise »Wünsche«

»Unsere Wünsche sind Vorgefühle der Fähigkeiten, die in uns liegen, Vorboten desjenigen, was wir zu leisten imstande sein werden«, sagte Johann Wolfgang von Goethe. Mit unserer Vorstellungskraft und begleitet von unserem inneren Helfer können wir unsere Wünsche Wirklichkeit werden lassen. Und was wir uns in Gedanken vorstellen können, das können wir auch schaffen.

Nimm eine bequeme Sitzhaltung ein. Atme dreimal tief durch, ein und aus, ein und aus, ein und aus. Schließ deine Augen. Du hast einen Wunsch in dir. Mit der Unterstützung deines inneren Helfers kann jeder Wunsch in Erfüllung gehen, der gut für dich ist.

In deiner Vorstellung siehst du den Wunsch in der Zukunft in Erfüllung gehen. Das weckt in dir ein starkes Verlangen, eine Sehnsucht, die dich ganz und gar erfüllt. Der Wunsch wirkt wie ein Magnet, der alles anzieht, was du zu seiner Erfüllung brauchst. Du weißt, dass die Fähigkeiten dazu in dir schlummern.

Dein innerer Helfer führt dich zu anderen Personen, für die ein ähnlicher Wunsch bereits in Erfüllung gegangen ist. Mit der Vorstellung dieser Personen zeigt dir dein innerer Helfer, wie eine Person aussehen muss, was eine Person ausstrahlen muss, die deinen Wunsch in Erfüllung gehen lässt. Während du diese Person betrachtest und an deinen Wunsch denkst, stellt dein innerer Helfer die richtigen Weichen zu deinem Ziel, das dich mit Sehnsucht erfüllt. Er zeigt dir die Unterschiede zwischen dieser Person und dir. Du weißt, woran du noch arbeiten musst. Und dein innerer Helfer weiß, wie er dich weiter unterstützen kann.

Er stellt deine inneren Fähigkeiten so ein, dass du deinen Wunsch wahr machen kannst. Er aktiviert Energien in dir, von denen du bisher noch nichts ahntest. Er gibt dir die nötige Kraft und das Durchhaltevermögen, um deinen Wunsch in die Tat umzusetzen. Dein innerer Helfer macht dich sensibel für die kleinen Dinge, die dich deinem Wunsch näher bringen, und er hilft dir, etwas auszustrahlen, was die richtigen Energien anzieht. Er kann erfühlen, wo du Unterstützung und die richtige Förderung findest.

Wenn du eine Wetterkarte betrachtest, dann siehst du, dass unsere gesamte Atmosphäre ein einziger großer Wirbel ist. Alles ist miteinander verbunden und beeinflusst sich gegenseitig. So wie bei diesem großen Wirbel funktioniert das auch mit dem großen, allgemeinen Wissen. Irgendwo in diesem großen Zusammenspiel gibt es genau die Fähigkeit, die du brauchst. Richte deine Antennen darauf aus, mach dich ganz sensibel dafür und du wirst die richtigen Informationen erhalten.

Und dein Wunsch, deine Sehnsucht verwandelt sich in Wirklichkeit. Denn alles, was wir uns in Gedanken vorstellen können, können wir auch – mit der Unterstützung unseres inneren Helfers – in die Wirklichkeit umsetzen. Dein innerer Helfer ist nun aktiviert und weiß, was du von ihm erwartest. Nimm an, was geschieht. Blockiere es nicht mit Zweifeln. Lass es einfach zu. Dann wird dein Wunsch in Erfüllung gehen mit der Kraft deines inneren Helfers.

Wende dich nun langsam wieder deiner Außenwelt zu. Nimm die Geräusche um dich wahr und registriere durch deine geschlossenen Augenlider das von außen kommende Licht. Lass dein Wachbewusstsein wieder die Kontrolle übernehmen. Du fühlst dich mehr und mehr erholt und erfrischt. Mit jedem Atemzug wirst du wacher und wacher und bist zurück im Hier und Jetzt.

Tipps zu »Wünsche«

- Führe ein Tagebuch deiner Wünsche. Schreib dir auf: Was ist mein Wunsch, was möchte ich erreichen? Wie werde ich mich fühlen und was wird sich verändert haben, wenn sich mein Wunsch erfüllt hat? Welche Bedürfnisse möchte ich damit befriedigen. Kenne ich jemanden, der sich einen solchen Wunsch schon erfüllt hat? Kann mich jemand unterstützen?
- Brich deinen Wunsch in kleine messbare Teilbereiche auf.
- Schreib genau auf, was du wann erreicht haben möchtest.
- Belohne dich mit etwas Besonderem, wenn du ein Zwischenergebnis erreicht hast.
- Erzähle anderen, so viel wie du möchtest, von deinem Wunsch. Es hilft, bei der Stange zu bleiben, wenn andere davon wissen.
- Beginne für jeden Wunsch ein neues Kapitel.
- Beende jedes Wunschkapitel mit einem Dankeschön.

Empathie – ihr seid mir wichtig

Wir leben in einer Welt, die das Individuum in den Vordergrund stellt, in der der Konkurrenzkampf schon in der Schule und an der Universität beginnt und rücksichtsloses Durchsetzungsstreben spätestens im Arbeitsleben an erster Stelle steht. Da ist es an der Zeit, sich dem Mitfühlen wieder zuzuwenden. Wo heute oft wachsende Isolation des Einzelnen zu spüren ist, sollen Integration und Miteinander aufblühen.

Fast täglich lesen wir in der Zeitung, sehen oder hören in den Nachrichten über die Ergebnisse mangelnden Mitgefühls.

Amokläufe an Schulen, Überfälle auf Asylantenunterkünfte, brutale Übergriffe von Hooligans, um nur einige zu benennen. Die Unfähigkeit zum Umgang mit den eigenen Emotionen, der Zerfall von Strukturen in Familien, Schulen, Vereinen, Kirchen führen zu Ratlosigkeit in unserem kollektiven Gefühlsleben. Wut, Aggressionen, Verzweiflung nehmen zu.

Wir denken oft, Mitfühlen sei eine Funktion des Herzens. Es ist aber eher eine Funktion unseres Gehirns. Grundlage der Empathie ist erst einmal die Selbstwahrnehmung. Je besser wir unsere eigenen Emotionen kennen und einschätzen können, desto besser können wir auch die Gefühle anderer deuten. Gefühle werden seltener in Worten ausgedrückt als in Gesten, im Gesichtsausdruck und im Klang der Stimme. Unbewusst registrieren wir die Zeichen von Emotionen und reagieren darauf. Eine entscheidende Rolle spielen dabei bestimmte Nervenbahnen im Gehirn.

Die Erkenntnisse aus der Hirnforschung zeigen uns, dass die Regulation von Emotionen, Aufmerksamkeit, Mitgefühl und Zuwendung Fähigkeiten erfordert, die trainiert werden können wie Klavierspielen oder Rad fahren.

An einem meiner Seminare nahm eine Heilpraktikerin teil, die sich auf den Bewegungsapparat spezialisiert hatte. Sie erzählte mir, dass sie oft schon im Vorgespräch erspüre, welche Art von Schmerzen, Missempfinden, Störung ihr Patient mitbringe. Sie nehme das an der Art des Blickes, der Bewegung und Artikulation des Patienten wahr. Dazu müsse sie sich nur auf ihren Patienten einlassen und offen machen für die Gefühle, die in ihm unbewusst mitschwingen. Die Fähigkeit, erspüren zu können und zu verstehen, was der Patient fühlt, leite sie dazu an, zu helfen. In manchen Situationen könne sie genau erkennen, welchen Griff sie anwenden müsse, um ihrem Patienten Linderung oder Heilung zu verschaffen. Manchmal seien es sogar Griffe, die sie so nicht erlernt habe. Aber irgendetwas würde ihr diese »eingeben«.

So wie sie es schilderte, ist das eine wunderbare empathische Fähigkeit mit einer Anbindung an das allgemeine Wissen, das wir in der Bewusstseinsreise »Wünsche« bereits kennengelernt haben. Ihre empathische Begabung (Alpha-, Theta- und Delta-Wellen) zeigen ihr die Gefühle und Empfindungen ihres Patienten, und ihre Eingebung (Delta-Wellen) wird in ihr Bewusstsein (Beta-Wellen) gebracht.

Übung: »Empathie«

Delta-Wellen ermöglichen uns ein Gespräch ohne Worte mit unseren Mitmenschen. Mit Delta-Wellen kommen wir zu Erkenntnissen, die wiederum in unser Bewusstsein Handlungen auslösen sollen. Dazu benötigen wir die Beta-Wellen. Ohne Anteile von Alpha- und Theta-Wellen können uns die Delta-Wellen aber auch leicht in die Irre führen. Nimmst du deine Gefühle wahr oder die deines Mitmenschen? Um das besser erkennen zu können, musst du Grenzen setzen.

Schließ deine Augen und erinnere dich an die tiefe Entspannung, die du erreichen kannst, wenn du auf deinen Atem achtest und dein Herzschlag sich verlangsamt. Du fühlst, wie sich dein Körper sanft wiegt und dabei jede Verspannung loslässt.

Sieh ein Licht vor dir, das dich auf deiner Reise begleitet und dich immer weiter mitnimmt.

Das Licht führt dich zu einem offenen Platz in dir. Ein Platz voller Frieden, der keine Grenzen hat außer denen, die du nun setzen wirst. Füge deine Grenzen ein und markiere sie deutlich.

Du kannst sie mit Licht markieren, mit einem Geräusch, mit einer Stimme, mit einem Bild oder mit einem Gefühl, sodass du weißt, die Grenzen sind da.

Nimm diese Grenzen mit auf deine Reise zur Empathie.

Track 20
Bewusstseinsreise »Empathie«

Um die Gefühle anderer Menschen wahrnehmen und deuten zu können, müssen wir offen für unsere eigenen Gefühle sein und für das, was sie in uns bewirken. In dieser Bewusstseinsreise werden wir uns den Gefühlen zuwenden, die andere in uns auslösen. Mit unserer Vorstellungskraft und mit der Unterstützung unseres inneren Helfers können wir die Gefühle anderer Menschen erspüren und uns darin einfühlen. So können wir ihnen zeigen, wie wichtig sie uns sind.

Nimm eine bequeme Sitzhaltung ein. Atme dreimal tief durch, ein und aus, ein und aus, ein und aus. Schließ deine Augen. Entspanne die Muskeln in deinem Körper von Kopf bis Fuß. Lass dir Zeit. Fühl noch einmal in dich hinein, ob es noch eine Stelle in deinem Körper gibt, die angespannt ist. Wenn ja, dann schick deinen Atem dorthin und spür nach, wie auch sie sich entspannt. Lass deine Gedanken kommen und gleich wieder gehen. Halte keinen Gedanken fest.

Stell dir vor, wie dein Körper komplett umhüllt ist von einem schimmernden, glitzernden Licht. Dieses Licht umhüllt dich von Kopf bis Fuß. Alles, was du gerade bewusst wahrnimmst, wird von diesem Licht umhüllt. Diese Hülle voller Licht repräsentiert dein Bewusstsein. Nun stell dir vor, dass dieses Licht heller wird, das es mehr umfasst als dein Bewusstsein, dass es die gesamte Tiefe deiner Persönlichkeit umfasst, also auch dein Unterbewusstsein. Lass das Licht gleißend hell werden. In dieser gleißenden Hülle hast du Zugriff auf alles, was du im Leben erfahren hast. Sie umfasst auch dein Unbewusstes.

Fühle, wie diese gleißend lichtdurchflutete Hülle dich von Kopf bis Fuß umgibt, und spüre die Grenzen dieser Hülle. Das ist deine persönliche Wohlfühl-Hülle. Hier fühlst du dich sicher.

Erweitere deine Hülle, bis jemand, den du von Herzen liebst, von deiner Lichthülle umfasst wird. Beobachte ganz genau, was mit dir und deinen Gefühlen passiert. Nimm wahr, wie sich deine Gefühle verändern, vielleicht stärker werden.

Nun gestatte deiner Vorstellung und deinem inneren Helfer, die Lichthülle größer werden zu lassen, bis sie eine weitere Person umhüllt. Was fühlst du, wenn eine Person deine Lichthülle betritt? Nimm nur wahr, bewerte nicht, urteile nicht. Bitte deinen inneren Helfer, an deiner Seite zu stehen, wenn du ein Unwohlsein in dir aufsteigen spürst.

Nun lass eine weitere Person in deine Lichthülle eintreten und noch eine und noch eine. Was taucht in dir auf? Sind es immer die gleichen Empfindungen, die in dir auftauchen? Reagierst du auf die einzelnen Personen unterschiedlich? Mit der Unterstützung deines inneren Helfers wird es dir gelingen, nicht zu bewerten, nicht zu analysieren, nicht zu urteilen. Hör nur in dich hinein, was in dir auftaucht an Gefühlen, Empfindungen, Reaktionen.

Fühle, wie deine Gefühle und Empfindungen sich vielleicht verändern. Mach so viele Erfahrungen, wie dir gerade möglich sind.

Dann lass deine Lichthülle allmählich wieder schrumpfen. Entlasse eine Person nach der anderen aus deiner Lichthülle, bis du wieder ganz allein in deiner Hülle sitzt. Spür nach, wie sich das Alleinsein jetzt anfühlt.

Nimm dir noch etwas Zeit, die Gefühle dieser Reise aufzunehmen, und danke deinem inneren Helfer für seine Unterstützung. Dann komm zurück zu deinem normalen Wachbewusstsein. Atme tief durch, recke und strecke dich, öffne deine Augen. Du bist wieder im Hier und Jetzt.

Tipps zu »Empathie«

Versuche einen Tag lang alle Menschen mit liebevollen Augen zu betrachten.

Meist schauen wir unser Gegenüber nicht direkt an. Und wenn wir es anschauen, dann eher kritisch, wertend oder auch neutral. Wir sehen, dass die Krawatte schief sitzt, dass der Lippenstift verschmiert ist, dass die Kleidung nicht passt. Aber wir sehen nicht, ob unser Gegenüber müde ist, etwas gestresst oder hektisch, dass unser Kind Angst vor der bevorstehenden Klassenarbeit hat.

Halte kurz an, schau dem Menschen dir gegenüber in die Augen und zeig ihm mit deinem Blick, dass er dir wertvoll ist, dass du ihn liebst.

Wenn du deine Mitmenschen mit liebevollem Blick betrachtest, wird sich deine Sichtweise auf ihn verändern. Du bemerkst vielleicht viel mehr Details, oder der Anblick wird weicher und ein bisschen verschwommen.

Dein eigener Blick wird weicher, und die Erfahrung zaubert dir vielleicht ein Lächeln ins Gesicht. Dein Herz öffnet sich, die kritischen Gedanken können vergehen.

Einssein – ich und du und die Welt

Einssein beginnt in unserem Gehirn. Wenn unsere beiden Gehirnhälften eins sind, dann können wir aus unserem vollen Potenzial schöpfen und haben einen ausgeglichenen Charakter.

In unserer rechten Gehirnhälfte befindet sich die Persönlichkeit, die Frieden liebt, die Liebe, Freude und Mitgefühl mit der Welt empfindet. In der linken Gehirnhälfte finden wir methodisches, rationales, kluges Vorgehen und Sprachbegabung. Sie gilt als unser Bewusstsein und definiert unser Ich. Manche nennen die rechte Gehirnhälfte auch die weibliche Seite, unseren empfindenden Verstand. Die linke Gehirnhälfte wird auch als die männliche Seite bezeichnet: unser denkender Verstand.

Untersuchungen an meditierenden tibetischen Mönchen und betenden Franziskanernonnen zeigen die Funktionsweise und Gehirnareale, die bei spirituellen Erfahrungen beteiligt sind. Zunächst reduziert sich die Aktivität des Sprachzentrums in der linken Gehirnhälfte und des Orientierungs- und Assoziationsareals im Bereich der linken hinteren Gehirnhälfte. Orientierungs- und Assoziationsareal definieren unsere physischen Grenzen und die Einordnung des eigenen Körpers im Raum.

Die verringerte Aktivität im Orientierungs- und Assoziationsareal scheint dafür zu sorgen, dass das Gehirn nicht mehr zwischen den Grenzen des Individuums und der äußeren Welt unterscheiden kann. Das kann den subjektiven Eindruck völliger Raumlosigkeit erzeugen, sodass der unendliche Raum als Ewigkeit interpretiert wird. So geht der Meditierende oder Betende im Universum auf, erlebt den Zustand des »Einsseins«.

Egoistische Sichtweisen müssen ebenfalls in den Hintergrund treten. An dieser Selbstaufgabe sind mindestens drei weitere

Hirnbereiche – die Amygdala (Mandelkern), der Hypothalamus und das Mittelhirn – beteiligt.

In der rechten Gehirnhälfte geht es um den Augenblick, die Dankbarkeit für unser Leben und die Menschen um uns herum. Sie ist zufrieden, mitfühlend, liebevoll und optimistisch. Sie kennt keine Bewertungen in gut und schlecht, warm und kalt, groß und klein, von Rassen oder Religionen. Sie ist aber auch neugierig und reagiert sensibel auf nonverbale Kommunikation.

Kurz gesagt: Die rechte Gehirnhälfte ist offen für neue Möglichkeiten, während sich die linke lieber hinter Regeln und Vorschriften zurückzieht.

Wenn wir ein annäherndes Gleichgewicht zwischen unseren Gehirnhälften herstellen, befähigt uns das, geistig flexibel zu werden oder zu bleiben. So können wir Veränderungen begrüßen, denen die meisten ängstlich begegnen (rechte Gehirnhälfte), und doch planvoll unser Ziel erreichen (linke Gehirnhälfte). So werden wir zu wahren Meistern unseres Lebens.

Leider beschäftigen wir uns in Gedanken viel zu oft mit negativen Dialogen, Nachrichten und Gedanken. Wir wissen aber, dass neuronale Netzwerke, je mehr Aufmerksamkeit wir ihnen schenken, immer weniger Anregung benötigen, um aktiv zu werden. Mit anderen Worten: Die Gedanken in unserem Gehirn veranlassen uns zu entsprechenden Handlungen.

Wie viel Mitgefühl mit unseren Mitmenschen und unserer Umwelt gäbe es, wenn wir uns alle darum bemühen würden!

Übung: »Einssein«

Bisher haben wir immer versucht, die Beta-Wellen zu reduzieren und Alpha-, Theta- oder Delta-Wellen zu aktivieren. Nun ist es an der Zeit, dass wir lernen, alle unsere Gehirnwellen einzusetzen. Die Gamma-Wellen helfen uns dabei, alle notwendigen Gehirnareale zu synchronisieren.

Achte auf deine Atmung, lass deine Gedanken zur Ruhe kommen und entspanne deinen Körper.

Stell dir vor, du betrittst ein großes Haus mit langen Fluren und vielen Türen, die von diesen Fluren abgehen. Mach dich auf die Suche nach einer Tür, auf der ein Schild steht mit der Aufschrift »Herausforderung«, »Abenteuer«, »lockende Aufgabe« oder Ähnliches.

Ist die Tür auf der linken oder auf der rechten Seite? Welche Farbe hat die Tür? Wenn du die Tür ausreichend betrachtet hast und bereit bist, dann öffne sie und betritt den Raum dahinter.

Nimm dir alle Zeit, die du brauchst, um den Raum zu erkunden. Während du dir alles anschaust, gestatte dir, deine Gedanken über den Raum und seinen Inhalt auszusprechen. Rede mit einem Gegenstand oder einem Individuum, das sich in dem Raum aufhält. Das aktiviert deine Beta-Wellen.

Du kannst in diesem Raum alles verändern, was du gern möchtest. Denk darüber nach, warum du dir diese Veränderungen wünschst und was du damit bezweckst. Stell dir die Veränderung deutlich vor, indem du sie siehst, fühlst, riechst, vielleicht auch hörst und schmeckst.

Verinnerliche noch einmal, was diese Veränderung für dich bedeutet und welchen Einfluss sie auf andere Bereiche deines Lebens und deine Mitgeschöpfe hat.

Bevor du den Raum wieder verlässt, schau dich noch einmal um, ob du hier noch irgendetwas tun solltest. Du kannst jederzeit zurückkehren, wenn du das wünschst und mehr Zeit hier verbringen möchtest.

Wenn du fertig bist, schau dich nach etwas um, was du zur Erinnerung an das Erlebte in deine Gegenwart mitnehmen kannst. Es wird dich daran erinnern, wo du gerade warst und was du erfahren hast, damit du für deine Gegenwart einen Nutzen daraus ziehen kannst.

Dann nimm ein paar tiefe Atemzüge, streck dich und öffne deine Augen.

Track 21
Bewusstseinsreise »Einssein«

Wir leben auf dieser Welt mit anderen Menschen, mit Tieren und Pflanzen. Unsere Welt bietet uns unterschiedlichste Formationen: Berge, Seen, weite Täler, Steppen, Wüsten, Meere. Diese Welt ist dafür geschaffen, dass wir alle darauf und mit ihr leben. Unsere Welt wird umgeben von dem unendlichen Universum, Sternen, Planeten, Galaxien. Alles ist miteinander verbunden und eins, alles ist perfekt. Lass uns mit Unterstützung unseres inneren Helfers unseren eigenen Weg, unsere eigene Stärken, Schwächen, unseren Sinn in allem finden.

Nimm eine bequeme Sitzhaltung ein. Atme dreimal tief durch, ein und aus, ein und aus, ein und aus. Schließ deine Augen. Entspanne die Muskeln von Kopf bis Fuß. Lass dir Zeit.

Lass uns damit beginnen, dass wir uns in den Körper eines Tieres hineinfinden. Stell dir vor, du bist ein Tier. Wer bist du dann?

Schau an dir herunter: Hast du ein Fell, hast du Federn, hast du eine glatte Haut oder Schuppen? Was für Füße hast du? Hast du Hufe, Krallen, Schwimmhäute zwischen den Zehen? Hast du anstelle von Armen und Händen Flügel, Flossen, Tatzen? Hast du einen Schnabel oder Rüssel? Wie bewegst du dich fort? Was isst du? Lebst du im Rudel oder allein? Was macht dich froh, traurig, stark oder ängstlich?

Geh nun in deinen ursprünglichen Körper zurück und unternimm eine neue Reise in die Pflanzenwelt. Stell dir vor, du wärst ein Baum. Bist du fest oder biegsam, hast du Laub oder Nadeln? Bist du wehrhaft oder jedem Angriff ausgesetzt? Hör in dich hinein. Fließt in dir ein nahrhafter Saft, der alle deine Zellen bis in die Blattspitzen versorgt? Bist du tief verwurzelt oder liegen deine Wurzeln dicht unter der Oberfläche? Liegen deine Äste eng am Stamm an oder sind sie weit ausladend und bilden eine stattliche Krone? Beherbergst du Mitbewohner wie Insekten, Käfer, Vögel oder andere Pflanzen? Was macht dich froh, traurig, stark oder ängstlich?

Mach wieder einen Sprung zurück in deinen ursprünglichen Körper. Nun lass dich von deinem inneren Helfer an einen Ort mit hohen Bergen führen. Spüre die Erhabenheit der Berge. Versetz dich in die Form eines Berges. Was fühlst du auf der Seite der Steilhänge, der schroffen Felsen? Und was fühlst du auf der Seite der lieblichen Almen mit Vegetation? Fühl dich hinein in das Erstarrtsein der Felsen und spüre doch, wie bewegt ein Berg ist.

Lass dich von deinem inneren Helfer zu einem Meer mitnehmen. Genieße die Wassermassen, begrenzt durch Steilküsten, Buchten, Strände. Spür den Meeresboden mit Felsen, Spalten, gebirgig und flach, mit Sand, Gesteinsbrocken bedeckt. Nimm die Bewegung der Wellen wahr, sanft und kraftvoll, stürmisch und gewaltig. Lass dich wiegen und spüre deiner Kraft und Sanftheit nach.

Nun schau dich um und sieh all die anderen Menschen um dich herum, die auch diese Welt bevölkern. Sieh, wie verschieden die Menschen sind: groß und klein, dick und dünn, mit unterschiedlichen Hautfarben und Formen der Augen, der Nasen, der Lippen. Wie verschieden sie gekleidet sind. Und doch ist allen eins gemeinsam: Sie lieben und möchten geliebt werden. Denke mit Liebe an sie und lass sie alle eins werden mit dir. Lass sie alle in das Licht, das dich umgibt, und fühle, wie sich die Liebe immer weiter verstärkt, bis du das Gefühl hast, mehr geht nicht.

Lass zu, dass dein innerer Helfer alles miteinander verschmelzen lässt. Sieh, wie das gleiche Licht alles umfasst.

Und nun lass dich von deinem inneren Helfer über diese Welt hinaustragen. Stell dir vor, du steigst auf einer goldenen Lichtsäule über deinem Scheitel empor zu den Sternen, Planeten, entfernten Galaxien. Ein Gefühl von Heimkommen zu einem höheren Allumfassenden, Allwissenden. Heimkommen zu deinem Ursprung. Fühle Friede, Liebe, höhere Ordnung, Quelle, göttliche Essenz, höhere Macht, unendliche Weisheit.

Genieße für einige Momente die Harmonie, Gelassenheit und Glückseligkeit ohne Zeit und Raum. Genieße die absolute Klarheit und das totale Verständnis.

An der Hand deines inneren Helfers gleitest du wieder in dein jetziges, irdisches Leben. Langsam und sanft wird dir klar, dass auch hier alles perfekt und in der richtigen Ordnung ist. Wenn du noch Probleme auftreten siehst, kannst du deinen inneren Helfer bitten, noch mehr Klarheit und Verständnis zu schaffen. Dein innerer Helfer hält die Verbindung an das Allwissende, Allumfassende aufrecht und wird dir dabei helfen, weitere

Erkenntnisse zu erlangen und Lösungen zu finden. Bedanke dich bei deinem inneren Helfer für die Begleitung. Immer wenn du ihn bittest, wird er dich wieder begleiten in das allumfassende, allwissende Universum, in Ruhe, Harmonie, Klarheit und Verständnis.

Lass dein Wachbewusstsein wieder die Kontrolle übernehmen. Atme kräftig durch, beweg dich, öffne deine Augen und orientiere dich wieder in dem gegenwärtigen Raum und in der gegenwärtigen Zeit.

Tipps zu »Einssein«

- Versuche so oft wie möglich nur positive Gedanken in deine Vorstellung zu lassen. Sag zu negativen Gedanken rechtzeitig »Stopp«.
- Umgib dich möglichst nur mit positiven, fröhlichen, optimistischen Menschen.
- Meide so gut du kannst negative, pessimistische Zeitgenossen.
- Deine Umgebung hat eine unmittelbare Wirkung auf deine Gedanken. Eine harmonische Natur wird deinen Geist beruhigen und deine Seele stärken. Halte Ausschau nach Landschaften, die ohne Extreme sind.
- »Adoptiere« ein Tier. Du musst es dir nicht in dein Haus holen. Vielleicht kannst du im Tierheim mithelfen oder beim Nachbarn von Zeit zu Zeit die Katze betreuen. Vielleicht baut dich auch schon ein Besuch in einem Streichel-Gehege auf.
- Entspanne dich beim Betrachten der ziehenden Wolken oder der Sterne am Nachthimmel.
- Gönne dir so oft wie möglich eine Reise zu dir selbst, am besten jeden Tag für zehn Minuten.

7
Zum guten Schluss: unser innerer Helfer und die Verantwortung für unser Leben

Im Laufe der Zeit habe ich mir angewöhnt, meinen ca. 100 Billionen Zellen und ihrer – und damit auch meiner – ganz persönlichen inneren Weisheit besser zuzuhören und zu vertrauen. Zugegeben, es ist auch für mich nicht immer leicht, meine pessimistischen, skeptischen Gedanken in die Schranken zu weisen und lieber die freudvollen, optimistischen zu suchen. Aber je mehr wir üben, desto besser klappt es. Wenn wir uns bemühen, erkennen wir sehr schnell, welche Handlungen und welche Ereignisse bestimmte Gefühle in uns auslösen. Dann sind wir in der Lage, schnell aus den abwärtsziehenden Gedankenspiralen mit ihrem Sog nach unten auszusteigen und die Aufwärtsspiralen der Gedanken zu nutzen.

Ich höre oder sehe mir zum Beispiel nicht zig Mal am Tag Nachrichten an. Denn je katastrophaler, je horrormäßiger diese ausfallen, desto mehr Zuhörer oder Zuschauer bekommt ein

Sender. Der Informationsgehalt ist meist nicht sehr groß, nur der Sensationsanteil. Auch manche Bücher, Krimis oder andere Filme, die sich besonders durch Gewalt auszeichnen, werden rigoros von meiner persönlichen Liste gestrichen.

Genauso geht es mir mit Menschen, die nur Probleme in unserer Welt sehen. Ich umgebe mich lieber mit Menschen, die neben meinem Wissen meine Unterhaltung, meinen Humor und meine Fröhlichkeit schätzen und genießen, so wie ich ihre.

Es gibt so viele wunderbare Dinge zu entdecken. Wunderbare Dinge, für die wir uns bedanken können und die uns in Erstaunen versetzen. Ich bin dankbar für meine innere Weisheit, die mir unermüdlich einen Weg zeigt.

Wissenschaftler entdecken immer mehr über die Funktionsweise unseres Gehirns. Über Gamma-Wellen ist bisher noch nicht viel bekannt. Wir wissen aber, dass meditierende Mönche, wenn sie mit dem Ziel »Mitgefühl« meditieren, in ihrem Gehirn Gamma-Wellen erzeugen. Der Bereich, in dem das geschieht, liegt unmittelbar hinter der linken Stirn und wird mit bewussten Entscheidungsprozessen, dem freien Willen, Selbstkontrolle, Mitgefühl und Glück in Verbindung gebracht. Bekannt ist, dass die Gamma-Wellen auch noch einige Zeit nach Beenden der Meditation gebildet werden.

Gamma-Wellen scheinen auch verschieden Areale im Gehirn zu synchronisieren und zusammenzuführen. Das könnte ein Hinweis auf die Entstehung der Wirklichkeit und des Bewusstseins sein.

Wir wissen noch nicht sehr viel, aber es bleibt spannend.

Bewusstseinsreisen, wie wir sie in diesem Buch unternommen haben, können uns auf dem Weg zu unseren persönlichen Erkenntnissen weiterbringen. Üben und Ausprobieren kann Vorteile bringen, die wir heute vielleicht nur erahnen und die noch nicht wissenschaftlich bestätigt sind. So wird vermutet, dass Bewusstseinsreisen auch einen Anti-Aging-Effekt haben können. Und das nicht nur körperlich, sondern auch geistig. Vielleicht können wir auf diese Weise eine Altersdemenz nicht verhindern, aber hinauszögern. Das wäre doch schon ein tolles Ergebnis. ADHS könnte kontrolliert werden, Autismus, Depressionen, Epilepsie, Schlaganfälle … Eine Utopie? Wir wissen es nicht, aber das Gehirn besitzt die dazu notwendige Plastizität. Es ist bis ins hohe Alter formbar und wandelt sich im Einklang mit seinen Aufgaben. Meine persönliche Vision ist eine geistige Gesundheit unserer Welt, die sich auf die geistige Gesundheit des Individuums gründet.

»Der Glaube versetzt Berge.« So hat dieses Buch begonnen, und so will ich es auch beenden. Wie wir den Glauben an unsere Fähigkeiten, die in uns schlummern, mit der Unterstützung unseres inneren Helfers festigen können, haben wir in den Bewusstseinsreisen erlernt und geübt. Nun sollte uns nichts mehr im Weg stehen. Oder doch?

Unser gesamtes Umfeld leidet an einer durchaus gesellschaftsfähigen Krankheit: »Bloß keine Verantwortung übernehmen.«

In meiner niedersächsischen Heimat, in Duderstadt, gibt es eine schöne Sage, die dieses Phänomen gut veranschaulicht.

»Drei Brüder haben Duderstadt gebaut, und als sie damit fertig gewesen sind, haben sie der Stadt auch einen Namen geben wollen, haben sich aber nicht darüber einig werden können, wer von ihnen das tun sollte. Der Erste hat zum Zweiten gesagt: Gib du der Stadt den Namen. Und der hat zum Ersten gesagt: Gib du der Stadt den Namen. Und ebenso hat der es wieder zum Dritten gesagt, und der hat es ihm mit denselben Worten zurückgegeben …«

Thorwald Dethlefsen vertrat auf einem Vortrag über Verantwortung die Meinung, dass wir in unserer modernen Industriegesellschaft in einer Kinderkultur verharren würden. Damit meinte er, dass wir immer weniger Verantwortung für unser Leben übernehmen, sondern erwarten, dass andere sich um uns kümmern.

Wir glauben, dass Kindergarten und Schulen die Erziehung übernehmen. Wir glauben, dass der Arzt uns schnell die richtige Pille für unser Problem verschreibt. Wir glauben, dass die Gewerkschaften unser Gehalt und vernünftige Arbeitsbedingungen aushandeln. Wir glauben, dass das soziale Netz uns bei Arbeitslosigkeit auffängt und die Arbeitsagenturen uns einen neuen Job besorgen. Wenn unsere Erwartungen enttäuscht werden, reagieren wir mit Unmut und lautem Protest. Wir pochen auf unsere Rechte, ohne auch nur im Geringsten an unsere Pflichten zu denken. An unseren Problemen sind immer andere schuld: ein machtbesessener, unfähiger Politiker, ein rechthaberischer Chef, ein egoistischer Lebenspartner, die Umstände … Und wenn andere unseren Zorn auf diese Welt teilen, dann sehen wir unsere Meinung bestätigt und schreien nur umso lauter unser Leid in die Welt und machen die anderen verantwortlich. Irgendwer muss doch verantwortlich sein!

Lasst uns bei uns selbst anfangen. Mahatma Gandhi hat gesagt: »Wir müssen die Veränderung sein, die wir in der Welt sehen wollen.«

In diesem Sinne wollen wir Verantwortung für unser Leben übernehmen. Die Bewusstseinsreisen aus diesem Buch können eine Brücke auf dem Weg in diese Richtung sein. Ich wünsche uns allen, dass wir mit Leichtigkeit und ganzer Kraft an der Hand unseres inneren Helfers diese Brücke überschreiten.

Dann haben wir den richtigen Glauben, der wirklich Berge versetzen kann.

Zum Weiterlesen

Madeja, Michael: *Das kleine Buch vom Gehirn, Reiseführer in ein unbekanntes Land.* C.H. Beck 2010
Der bekannte Hirnforscher Michael Madeja erklärt die Funktionen des Gehirns, seine Erkrankungen und die Methoden der Hirnforschung in leicht verständlicher Weise.

Czíkszentmihályi, Mihály: *Lebe gut! Wie Sie das Beste aus Ihrem Leben machen.* Klett-Cotta/Deutscher Taschenbuch Verlag 2001
Mihály Csíkszentmihályi, der Entdecker des »Flow«, macht auf die wichtigen Dinge im Leben aufmerksam.

Kast, Bas: *Wie der Bauch dem Kopf beim Denken hilft. Die Kraft der Intuition.* S. Fischer 2007
Basierend auf den neuesten wissenschaftlichen Erkenntnissen zeigt Bas Kast, wie sehr die Gefühle integraler Bestandteil unseres Denkens sind und wie sehr wir uns auf sie verlassen können.

Birbaumer, Niels: *Dein Gehirn weiß mehr, als du denkst. Neueste Erkenntnisse aus der Hirnforschung.* Ullstein 2014
Das Gehirn verfügt über fast grenzenlose Potenziale und gleicht bei der Geburt einer Tabula rasa. Nur wenig ist festgelegt, das meiste wird geformt.

Steiner, Verena: *Exploratives Lernen, Der persönliche Weg zum Erfolg, Ein Arbeitsbuch für Studium, Beruf und Weiterbildung.* Pendo 1999
Verena Steiner, Expertin für Lern- und Arbeitsstrategien, zeigt auf, wie Sie durch exploratives Lernen Ihren persönlichen Stil finden, um professioneller und mit mehr Spaß zu lernen.

Und noch ein interessanter Link:

www.jendrosch-blog.de

Dieser Blog möchte Sie teilhaben lassen an Interessantem aus der Welt des Coaching, der Hypnose, der Meditation, der Kinesiologie und des Feng-Shui. Sie finden immer wieder Artikel zu alltäglichen Fragestellungen und Anregungen, wie Sie diese in den Griff bekommen.

Über die Autorin

Birgitt Jendrosch war lange Jahre als Führungskraft tätig. Nach einem schweren Burn-out entschied sie sich, aus ihrem sicheren Job auszusteigen und als Firmen-Coach und persönliche Beraterin noch einmal ganz neu anzufangen. Dabei begeistern sie Themen wie Hirn- und Bewusstseinsforschung, Meditation, Hypnose und Feng-Shui. Sie führt ihr eigenes »Studio für aktive Lebensgestaltung« in München und ist Dozentin an den Paracelsus-Schulen im süddeutschen Raum.

Weitere Informationen unter:
www.birgitt-jendrosch.de